即时网络通信
——基于道路信息与状态分析的辅助系统

郑 鲲 孙光民 周 晶 张俊杰 著

科学出版社
北 京

内 容 简 介

本书论述基于即时网络通信的汽车辅助驾驶系统与评价机制，该系统的视频信息分别由道路信息获取摄像头和驾驶员状态信息摄像头采集。

全书共6章。第1章介绍汽车辅助驾驶系统与评价机制的研究背景和意义及其存在的问题；第2～5章分别介绍感兴趣区域优先级的设定方法和基于移动终端的道路行人信息的快速识别法，自底向上的基于数据驱动显著性区域的相关算法及自顶向下的基于任务驱动的感兴趣区域方法，并在引入速度、空间等因素的基础上讨论驾驶任务与数据驱动融合的动态感兴趣场的生成方法；第6章介绍基于单目摄像头的驾驶员疲劳信息检测系统，通过对驾驶员驾驶过程中面部关键信息的提取，对驾驶员疲劳状态进行识别并预警。

本书可作为高等院校信息类相关专业的本科生及研究生参考用书，同时可供感兴趣的研究人员及工程技术人员参考。

图书在版编目(CIP)数据

即时网络通信：基于道路信息与状态分析的辅助系统/郑鲲等著. —北京：科学出版社，2019.9

ISBN 978-7-03-061502-2

Ⅰ. ①即…　Ⅱ. ①郑…　Ⅲ. ①汽车–网络通信–自动驾驶系统–辅助系统–研究　Ⅳ. ①U463.67

中国版本图书馆CIP数据核字(2019)第110122号

责任编辑：潘斯斯　张丽花　梁晶晶 / 责任校对：严　娜

责任印制：张　伟 / 封面设计：迷底书装

科学出版社出版

北京东黄城根北街16号

邮政编码：100717

http://www.sciencep.com

涿州市般润文化传播有限公司印刷

科学出版社发行　各地新华书店经销

*

2019年9月第　一　版　开本：720×1000　1/16

2021年1月第三次印刷　印张：11 1/4

字数：220 000

定价：88.00元

前　言

汽车已经成为现代社会重要的生活工具，在人们的日常生活中发挥着越来越重要的作用。与此同时，每年全世界交通事故造成了大量的人身伤害和财产损失。其中大部分交通事故是由驾驶员操作疏忽、决策错误等造成的。如果能及时、准确、有效地对驾驶员预警提示，就可以减少此类事故发生。另外，某些驾驶员的不良驾驶习惯和行为，虽然没有直接造成事故和人身伤害，但是会成为引发事故的隐患，如强行超车抢道、无提示并线、不礼让行人等，此类行为目前还很难被监管部门及时发现并给予相应的警告和处罚。为了形成良好的社会风气，除了应该加强监管、教育之外，更需要建立一套全民参与的驾驶员驾驶行为评价机制，使得不良驾驶行为能够无所遁形。同时，驾驶员无主观故意但仍具有潜在危险的不良驾驶行为也能通过该评价机制得到及时反馈，这样也能帮助其及时纠正不良驾驶行为，避免产生严重后果。基于以上两点，本书希望建立一种新的汽车辅助驾驶系统与评价机制。

本书由郑鲲撰写第1章、第2章的部分内容及第3～5章，孙光民设计全书的整体结构并撰写第2章和第6章的部分内容，周晶参与设计全书的结构并撰写第2章模糊综合评价部分且完成全书的校对工作，张俊杰撰写第6章的部分内容。

本书的完成离不开实验室团队的支持，很多数据和方法都基于团队多年工作的积累和总结。其中，王文芃对第2章基于移动终端的行人检测部分，梁天宇对第2章车辆检测部分，陈博维对第3章驾驶员评价模型的建立部分均提供了实验数据支持和前期的方案论证，魏梦飞、郑雪剑和翁羽参与了第4章的车辆检测和行人检测的系统搭建及数据采集、分析、整理等相关实验工作。在此一并表示感谢。

本书是北京市教育科学“十三五”规划重点课题“基于复杂任务驱动与学习数据分析的创新实践研究”(CADA18069)的阶段性成果。同时感谢科学出版社的大力支持和帮助。

由于作者水平有限，书中难免存在不足之处，恳请广大读者指正。

作　者

2019年3月

目　录

第1章 绪 论

1.1 研究背景及意义

汽车已经成为现代社会重要的生活工具，在人们的日常生活中发挥着越来越重要的作用。与此同时，世界卫生组织报告显示，2007～2016年，每年全世界交通道路伤害夺取了约125万人的生命[1]。造成这些伤害事故的原因包括机动车故障、道路损坏及自然灾害等，但最主要的还是驾驶员的操作。在所有交通事故中，驾驶员疏忽、决策错误等造成的事故占到了73%。如果能及时、准确、有效地对驾驶员预警提示，就可以减少此类事故的发生。

另外，某些驾驶员的不良驾驶习惯和行为，虽然没有直接造成事故和人身伤害，但是会成为引发事故的隐患，如强行超车抢道、无提示并线、不礼让行人等，此类行为目前还很难被监管部门及时发现并给予相应的警告和处罚。为了形成良好的社会风气，除了应该加强监管、教育之外，更需要建立一套全民参与的驾驶员驾驶行为评价机制，使得不良驾驶行为能够无所遁形。同时，驾驶员无主观故意但仍具有潜在危险的不良驾驶行为也能通过该评价机制得到及时反馈，这样也能帮助其及时纠正不良驾驶行为，避免产生严重后果。

基于以上两点，本书希望通过建立新的汽车辅助驾驶系统与评价机制：一是在基于驾驶视频的汽车辅助驾驶系统中提出深度视频学习算法，目的是进一步提高系统的识别率和实时性，在基于驾驶任务驱动的车辆和行人检测有效性方面进行优化，为进一步提高安全辅助驾驶系统的性能提供可靠性和实时性的保障；二是构建基于驾驶员-车-行人的评价机制，拟在获取驾驶行为深度特征的基础上建立深度评价机制，使得系统能够通过包括深度特征在内的评价标准对驾驶员驾驶行为进行实时评价和警示，并且驾驶员的驾驶行为通过该机制能够得到所有与其发生关联的车、行人的评价反馈，使每位驾驶员的评价来自实际驾驶过程的系统评价和公众的累积评价，这样建立的评价机制能够更为公平、更为及时地反映驾驶员的驾驶行为对周围环境（包括对邻车、行人）的影响，促使驾驶员及时修正自己的不良驾驶行为，避免安全隐患，同时能为相关部门的管理与决策提供数据支持；三是通过数学建模与系统仿真，找到适合的、能引导公众公平心理状态的、符合社会学习规律的评价模型，这样，不但能起到评价的作用，还能够通过评价过程对驾驶员起到正面心理引导的作用，从而避免不良驾驶心态的局部快速传播。

1.2 国内外研究现状分析及存在的问题

安全辅助驾驶(safety driving assist，SDA)是当前国际智能交通系统研究的重要内容，它主要解决交通安全的问题，对于困扰运输领域的交通堵塞及环境污染两个问题也有缓解作用。国内外近十年对于安全辅助驾驶技术的研究主要集中在驾驶员状态监测，车辆、行人探测与追踪以及车道偏离预警等方面。

1.2.1 驾驶员模型

目前，国内外研究中主要把驾驶员状态监测模型分为基于人-车-环境闭环系统汽车操纵稳定性的驾驶员模型、基于智能交通系统的驾驶员行为模型和基于交通安全的驾驶员疲劳模型等类型。

贺岩松等[2]在预瞄最优曲率模型的基础上，对驾驶员校正环节采用模糊控制，建立了自调整因子的加速度反馈模糊控制驾驶员模型。李兴泉等[3]提出了五层全网络化模糊-神经网络驾驶员模型，充分利用了模糊推理的结构原理，在具体的模糊化、模糊推理及反模糊化的过程中，采用神经网络自学习思想来确定每个步骤的权系数，消除了一般模糊控制中模糊规则建立时专家经验不足和精度不够的局限。

张磊等[4]设计了以 BP(back propagation)神经网络为核心的车辆模型与驾驶员模型集成式的模型结构，该模型以前车速度为输入，通过两层结构的 BP 前馈式神经网络模拟驾驶员基于车辆运动状态对车辆的控制结果，输出为车辆的加速度。该模型通过训练后，在前车较大的速度范围内反复加减速行驶进行仿真。潘玲[5]在对驾驶员认知过程进行详细分析之后，根据因子分析方法提取了车辆跟驰影响因素，建立了车辆跟驰过程中驾驶员认知结构模型和基于驾驶员认知过程的车辆跟驰模型。Helbing 等[6]提出由期望速度、安全车间距、最大加速度、舒适减速度、阻塞距离以及车辆长度等参数，根据经验数据标定的智能驾驶员模型，用统一的模型描述了从自由流到完全拥堵流的不同状态。

任殿波等[7]基于车辆纵横向动力学的耦合模型，依靠车载传感器获得车辆横摆角速度信息，研究了自动化功率系统车辆换道纵横向耦合控制策略。姜德美[8]通过对驾驶疲劳过程进行分析，将驾驶员执行驾驶行为的过程看作由两部分环节构成的闭环控制负反馈系统。吴超仲等[9]以驾驶疲劳状态监测为研究对象，提出驾驶行为操纵和驾驶员生理指标相结合建立疲劳识别模型的思想，通过大量模拟器驾驶试验，建立了驾驶操作和驾驶员生理指标之间的关系模型。金键[10]对驾驶疲劳产生过程的规律等机理进行了分析，对多种疲劳因素的影响建立不同的驾驶疲劳函数模型，并通过主因子分析，最后筛选出驾驶员反应能力、平衡稳定性、视觉功能、注意能力、速度判断能力的五大指标，建立驾驶员疲劳评价的多因素模型。

白志强等[11]从错误操作点、行驶轨迹、操作时间等方面建立了适用于汽车驾驶员考核环节的模糊综合评价模型。胡斌等[12]提出了一种以云模型理论为基础的评估机动车辆驾驶员驾驶状态的方法。马艳丽等[13]应用实验心理学的方法对驾驶员的感知、判断及操作特性进行了综合研究，并证明了其确定的综合评价等级在分析驾驶特性方面具有一定的可靠性，能够有效地评价驾驶员的驾驶特性。

1.2.2 车辆、行人检测与追踪

传统的车辆、行人检测方法包括车辆、行人的特征提取，车辆、行人的识别和定位等。其中，车辆、行人的特征提取主要使用了人为设计的浅层特征，如 SIFT、HOG 和 DPM 模型等。浅层特征提取方法主要有三种：第一种是基本统计特征，如面积、均值等区域描绘子以及直方图等纹理描述子；第二种是主成分分析；第三种是局部二进制模式。

目前，随着深度学习方法的应用，卷积神经网络（Convolutional Neural Network，CNN）成为主流的车辆、行人检测方法。

深度学习的车辆、行人检测主要分为三类：一是基于区域建议的车辆、行人检测与识别；二是基于回归的车辆、行人检测与识别；三是基于搜索的车辆、行人检测与识别，如表 1-1 所示。

表 1-1 基于深度学习的车辆、行人检测方法分类

分类	代表算法	文献
基于区域建议的车辆、行人检测与识别	R-CNN，Fast R-CNN，Faster R-CNN	[14]～[16]
基于回归的车辆、行人检测与识别	YOLO，SSD，YOLO9000	[17][18]
基于搜索的车辆、行人检测与识别	AttentionNet	[19]

Yoo 提出的 AttentionNet 模型与强化学习预测目标搜索动作类似，直接通过深度神经网络来预测视觉注意的趋势，根据预测趋势不断地趋向真实目标位置[19]。

车辆检测方面，吴新根等[20]通过对拉普拉斯算子估计的修正，在迭代公式中引入了惯性因子，从而克服了原算法中临近边界点速度的“漂移”，加快了算法收敛的速度。潘薇等[21]提出了一种使用模糊聚类的方法来合并检测到的“或”区

域，并采用卡尔曼(Kalman)滤波器来预测运动车辆下一时刻可能处于的区域，缩小目标搜索的区域范围，从而达到快速跟踪车辆的目的。基于滤波的图像边缘提取方法抗噪能力和准确率都有较大提高。

行人检测方法方面，Dalal 等[22]提出了 HOG 方法。HOG 方法最重要的思想是用梯度或边缘的方向密度分布描述局部目标的形状。只要行人大体上能够保持直立姿势，细微的肢体动作不影响检测效果。Qiao 等[23]提出了一种基于流形学习的贝叶斯视觉追踪方法，具有较强的鲁棒性。

Klette 等基于视觉的辅助驾驶系统及高层感知的问题，提出了两种加速方法以快速、有效地进行行人检测[24]，分别是在单张图像上更好地处理尺度信息和利用深度信息(depth information)加速；最后，根据作者的实验发现，在不降低检测质量的前提下，可以获得 20 倍的加速效果，速度达到 100 帧/秒。

就提高目标检测的检测速度而言，目前的主流方法的优点主要有以下几点：

(1)更好的特征描述[14]。

(2)更好的分类器，在检测速度和检测效果方面达到较好的均衡。非线性的方法如 RBF、SVM 等有较好的分类能力，但是检测效果不佳。利用线性分类方法如 AdaBoost、线性 SVM、随机森林等常被用来逼近非线性分类器的分类性能。

(3)更好的先验知识。如果能得到背景画面的先验信息，车辆和行人检测效果和速度将会有较大的提升。

(4)分类器串联。将大部分的背景信息在前几层就过滤掉，只留下小部分待检测区域真正进入后面的检测环节，从而减少计算量，加快检测速度。

棒状像素法(sticks above the ground in the image，stixel)采用先验知识对图片中地面上的柱形物体建模。该方法把图像中底部像素、顶部也就是行人头顶大概位置像素估算出来，行人的高度设置为 1.75m，在 CPU 上可以达到 135 帧/秒的速度[25]。

Hinton 等[26]提出了以下两个主要观点：①多隐层人工神经网络学习得到的特征对数据有更本质的描述；②深度神经网络可以通过“逐层初始化”(layer-wise pretraining)来有效克服训练上的难度。Mirowski 等[27]提出的多层结构学习算法卷积神经网络(CNN)利用空间相对关系减少参数数目以提高 BP 训练性能。Vincent 等[28]设计了深度学习的变形结构去噪自动编码器，Balasubramanian 等[29]提出并分析了一种新的基于内核平滑和边际回归统计的表现特征相似性方法的稀疏架构。He 等[15]提出的深度残差网络(ResNets)具有较低的训练误差和测试误差，将层级提到了 152 层，错误率得到了大幅度的降低。

深度时空推理网络模型中的信念值更新算法同时考虑了数据的时间和空间特征[30,31]。在传统检测方法的基础上，2014～2017 年陆续出现的 Faster R-CNN、

YOLO、SSD、YOLO9000 等优秀的物体检测算法在物体检测速度和精确度上有了大幅度的提高，同时基于三维空间建模的研究也成为热点之一[32-116]。

综上所述，安全辅助驾驶需要在视频深度特征表达等方面做进一步算法优化以提高实时性和准确性，重点是基于驾驶任务驱动的有效性的提升；深度学习可以作为特征表达的有效方法和手段，但是目前在驾驶视频信息的深度特征表达方面还未有成熟的模型和可借鉴的经验；驾驶员评价功能过于单一，没有适合于驾驶过程的多角度反馈机制。

第2章 基于移动视频浅层特征的道路信息识别研究

2.1 基于感兴趣区域优先级的车道识别系统研究

本节介绍了一种轻量级的感兴趣区域优先级的设定方法。传统的感兴趣区域在驾驶任务驱动下被进一步划分为优先级不同的左右两个区域，优先级高的区域检测到的车道线可以通过摄像头标定生成优先级低的区域车道线。该方法结合 Hough 变换实现了车道线快速检测与生成。

基于视觉的车道识别设计主要包括两部分内容，即基于数字图像处理算法的图像预处理和车道线提取。

2.1.1 驾驶任务驱动的感兴趣区域

在驾驶任务驱动下，驾驶员对所获得的图像信息进行筛选，其感兴趣的只是一部分或几部分基于具体驾驶任务驱动的敏感区域内容，这些区域就是特定驾驶任务驱动下的感兴趣区域(region of interest，ROI)。在道路信息边缘检测中，往往因为背景比较复杂、对象过多而干扰了真正有用目标的判断与定位。为了提高针对性和准确性，减少无用区域图像的处理以提高效率，本章基于先验知识来设定感兴趣区域。在图像处理前，准确地找出这些感兴趣区域并对其赋予相应的优先级以进行处理，这将会提高图像处理的效率、准确性和有效性。

在机器视觉图像处理中，通常用规则的几何图形如方框、圆形、椭圆等在图像上进行需要处理区域的设定。常用的基于任务驱动的感兴趣区域设定方法有人工设定法，基于数据驱动的感兴趣区域设定方法有图像掩膜法和图像特征定位法[114,117]。

(1) 人工设定法。通过绘制工具在图像上手工设定由任务驱动需要关注的对象所在的区域，检测软件只提取该区域图像进行分析处理。该方法一般适用于静止不变的场景。本书将在第 5 章详细介绍。

(2) 图像掩膜法。利用图像处理技术自动圈定目标轮廓并生成掩膜，然后由掩膜提取 ROI 图像。该方法主要适用于移动目标和场景变换的情况。

(3) 图像特征定位法。利用视觉检测目标的特点，提取位置、尺寸、矩形度、长宽比等几何形状特征，作为先验知识辅助感兴趣区域定位。该方法对目标的状态没有限制，能够自动判别和定位目标，提取感兴趣区域[118-121]。

定义 2-1 感兴趣区域检出率。如果车载前置摄像头捕捉到的道路图像中的

感兴趣区域存在汽车和行人，能够检出行人和车辆的帧数与存在行人和车辆的总帧数的比值。计算公式为

$$f_{\mathrm{ROI}}=N(f_{\mathrm{ROI}})/N_{\mathrm{sum}} \tag{2-1}$$

2.1.2　车载前置摄像头测距原理与方法分析

目前，单目测距方法主要有三种：一是基于映射表的距离测量方法，即将图像中每行像素与实际距离建立对应的映射关系表，该方法总体误差比较大，但特点是距离越近误差越小，适用于近距测量；二是基于几何关系的距离测算方法，需要使用具体摄像头的俯仰角、高度及其内部参数等来计算距离；三是基于逆透视变换的距离测量方法，通过逆透视变换得到俯视图像(鸟瞰图)，然后根据俯视图像素与距离的线性关系来计算与特定目标的实际距离。

基于映射表的视觉测距一般采用现实等距离标记的方法，即在图像中标记一组现实中等距离的直线，建立一张图像像素坐标与实际距离的映射关系表。该方法的优点是无须知道硬件内部参数[114,122]。

第 1 步，摄像头图像捕获。

第 2 步，实际中等距离的图像标记。

第 3 步，建立映射关系表。其中图像的坐标原点为左上角。

第 4 步，使用映射表计算像素距离。设目标线在图像中的像素位置为第 i 行，且 $k_1 \leqslant i \leqslant k_2$，则有

$$L_j = L_{k1} - \frac{L_{k1} - L_{k2}}{k_1 - k_2} \cdot (j - k_1) \tag{2-2}$$

基于几何关系的距离测算方法实现步骤：

第 1 步，通过棋盘格对摄像头进行标定以获得内部参数。

第 2 步，测量摄像头的高度和俯仰角。

第 3 步，根据几何关系计算距离。

摄像机光学成像过程的四个步骤如图 2-1 所示。

世界坐标系 O_{w},与摄像机坐标系 O_{c} 的转换关系为

$$\begin{bmatrix} X_{\mathrm{c}} \\ Y_{\mathrm{c}} \\ Z_{\mathrm{c}} \\ 1 \end{bmatrix} = \begin{bmatrix} R & T \\ 0^{\mathrm{T}} & 1 \end{bmatrix} \begin{bmatrix} X_{\mathrm{w}} \\ Y_{\mathrm{w}} \\ Z_{\mathrm{w}} \\ 1 \end{bmatrix} \tag{2-3}$$

R 和 T 分别为旋转变换系数和平移变换系数，表征了世界坐标系 O_{w} 与摄像机坐标系 O_{c} 之间的位置关系。

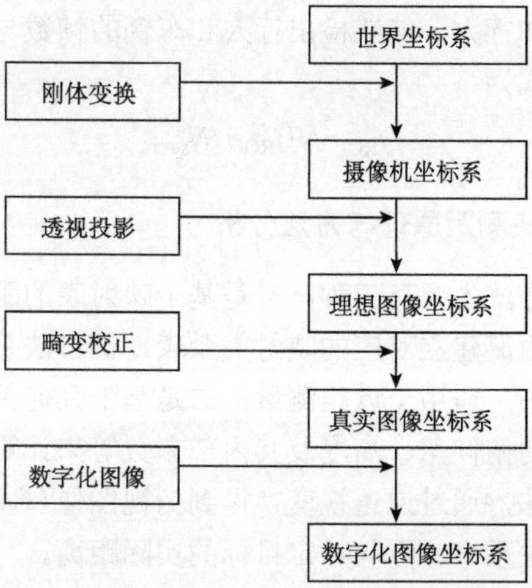

图 2-1 摄像机光学成像过程[122]

图 2-2 上像素值(u,v)与坐标(x,y)之间的关系为

$$\begin{bmatrix} u \\ v \\ 1 \end{bmatrix} = \begin{bmatrix} \frac{1}{\mathrm{d}x} & 0 & u_0 \\ 0 & \frac{1}{\mathrm{d}y} & v_0 \\ 0 & 0 & 1 \end{bmatrix} \begin{bmatrix} x \\ y \\ 1 \end{bmatrix} \tag{2-4}$$

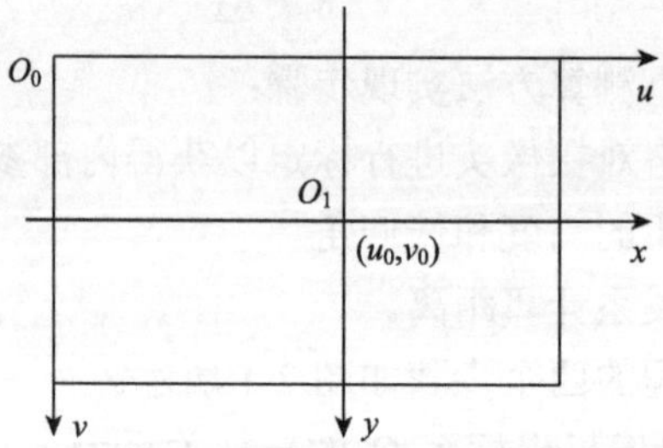

图 2-2 图像坐标系

结合车载摄像机与路面的关系，建立距离测量几何模型如图 2-3 所示。从图 2-3 可以推出像素坐标与世界坐标的距离关系：

$$d = \frac{h}{\tan\left[\gamma + \arctan\left(\frac{y_0 - y}{f}\right)\right]} \tag{2-5}$$

其中，h 为摄像机高度；γ 为摄像机俯视角；f 为摄像机焦距。

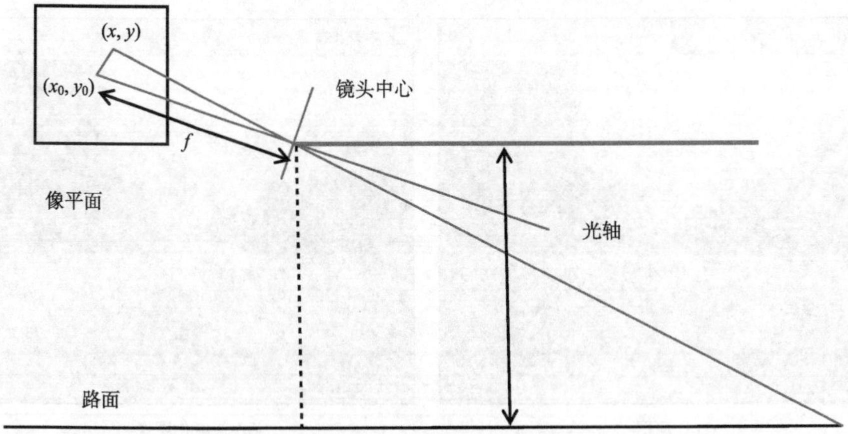

图 2-3　距离测量几何模型[122]

2.1.3　图像预处理

道路图像预处理是道路检测和识别前的重要工作，图像预处理的主要目的是去除图像中夹杂的噪声，合理保存有用的路面信息，简化道路图像的无关信息和增强有用信息的可检测性，从而改进检测和识别的可靠性。对道路图像进行预处理算法主要包括道路图像的灰度化、图像的平滑处理、边缘增强、阈值处理和感兴趣区域划分等。

1. 灰度化

本书的车道图像为彩色图像，由于彩色图像包含信息量大，处理速度较慢，一般采用基于灰度特征的识别方法。该方法是从车辆前方的灰度图像序列中，利用车道标识线的灰度特征而完成的对车道标识线的识别。所以，系统需要对车道图像进行灰度化。

设计中，视频图像用到的颜色模型为 RGB 模型。因此，要转换为灰度图像，需要对亮度值进行量化。大量的实验数据表明，当红、绿、蓝的比例为 0.30∶0.59∶0.11 时，可以得到比较符合人类视觉生理特点的灰度值，即

$$V_{\text{gray}}=0.30R+0.59G+0.11B \tag{2-6}$$

灰度化处理效果如图 2-4 所示。

2. 平滑处理

平滑技术主要用于平滑图像中的噪声。平滑噪声可以采用在空间域中求像素

灰度的平均值或中值的方法，也可以采用在频率域中低通滤波的方法。

(a) 原图　　(b) 灰度化图像

图 2-4　图像灰度化效果

由于频域滤波过程相对比较复杂，需要进行正反两次正交变换，需要的计算量也比较大，一般认为不适宜应用在车载视觉系统中的噪声滤波。本节采用的是空域滤波法。

采用高斯滤波器对图像进行平滑处理，由于路面噪声较大，对后续处理有很大的影响，所以平滑模板取 5×5 的模板。

3. 边缘增强

图像边缘增强的主要目的是突出图像中的细节或者增强被模糊化的细节，把景物的结构轮廓清晰地表现出来。这其中的原理在于图像的边缘和轮廓都位于灰度突变的地方，因此图像边缘增强的实现是基于微分作用的。边缘增强采用的方法主要是以各种微分算子为基础，常见的算子主要有 Sobel 算子、Robert 算子、Laplace 算子等。

Sobel 算子模板如下，分别为 0°、45°、90°、135° 方向：

$$\begin{bmatrix} -1 & -2 & -1 \\ 0 & 0 & 0 \\ 1 & 2 & 1 \end{bmatrix} \begin{bmatrix} -2 & -1 & 0 \\ -1 & 0 & 1 \\ 0 & 1 & 2 \end{bmatrix}$$

$$\begin{bmatrix} -1 & 0 & -1 \\ -2 & 0 & 2 \\ -1 & 0 & 1 \end{bmatrix} \begin{bmatrix} 0 & 1 & 2 \\ -1 & 0 & 1 \\ -2 & -1 & 0 \end{bmatrix}$$

索贝尔算子(Sobel operator)加入了加权局部平均，不仅能检测图像的边缘而且能进一步抑制噪声的影响，由于进行加权局部平均得到的边缘较粗，更适用于车道检测。

在进行边缘检测效果分析时，使用边缘检测后图像进行锐化处理，以显示边缘处理效果，即得到边缘增强后的图像，结果如图 2-5 所示。

图 2-5　边缘检测及锐化后效果

4. 阈值处理

阈值是指在图像分割时，作为区分物体与背景像素的门限，大于或等于阈值的像素属于物体，而其他像素则属于背景。利用阈值法，对于物体与背景之间存在明显差别的景物，分割十分有效，只要阈值选取合适，将每个像素与之比较，进行二值化或者半二值化处理，就可以很好地将对象从背景中分离出来。

设原始图像为 $f(x,y)$，通过使用合适的方法选取阈值 T。

求取每一帧图像阈值 T 的算法步骤如下。

第 1 步，计算图像中像素的最大阈值 Z_{max} 和最小阈值 Z_{min}。

第 2 步，取 Z_{max} 和 Z_{min} 的平均值 Z_{ave}，即

$$Z_{ave}=(Z_{max}+Z_{min})/2 \tag{2-7}$$

第 3 步，求取图像中阈值小于 Z_{ave} 的像素阈值平均值 Z_0，然后求取阈值大于 Z_{ave} 的像素阈值平均值 Z_1。

第 4 步，求取 Z_0 和 Z_1 的平均值，即

$$Z_{opt}=(Z_0+Z_1)/2 \tag{2-8}$$

将 Z_{opt} 作为该帧图像阈值 T。通过以上步骤得到二值化的最佳阈值 T，用此阈值对图像进行二值化处理。

阈值法分割图像的关键在于门限值的选择。常用的阈值设定方法有类间方差

阈值分割法、二维最大熵分割法、模糊阈值分割法等，如表 2-1 所示。

表 2-1 阈值设定方法

阈值设定方法	原理	文献
类间方差阈值分割法	选取门限值使得背景和目标间的方差最大	[34]
二维最大熵分割法	基于图像二维直方图	[35]
自适应模糊阈值分割法	利用分段计算和反变换	[36]
自适应均值阈值法	像素位置处的二值化阈值由邻域块的均值决定	[34]
自适应高斯阈值法	像素位置处的二值化阈值由邻域块的高斯加权和决定	[34]

最大类间方差阈值分割法步骤如下。

第 1 步，设有 L 个灰度级，每个出现概率为 p，则建立图像灰度直方图

$$N=\sum_{i=0}^{L-1} n_i,\quad p_i=\frac{n_i}{N} \tag{2-9}$$

第 2 步，背景和目标出现概率计算方法：

$$P_A=\sum_{i=0}^{t} p_i,\quad P_B=\sum_{i=t+1}^{L-1} p_i=1-P_A \tag{2-10}$$

其中，t 为所选定的阈值；P_A 为背景出现的概率；P_B 为目标出现的概率。

第 3 步，计算 A 和 B 两个区域的类间方差：

$$\omega_A=\sum_{i=0}^{t} ip_i/P_A,\quad \omega_B=\sum_{i=t+1}^{L-1} ip_i/P_B \tag{2-11}$$

$$\omega_0=P_A\omega_A+P_B=\sum^{L-1} ip_i \tag{2-12}$$

$$\sigma^2=P_A(\omega_A-\omega_0)^2+P_B(\omega_B-\omega_0)^2 \tag{2-13}$$

式(2-11)计算 A 和 B 区域的平均灰度值；式(2-12)计算灰度图像全局的灰度平均值；式(2-13)计算 A、B 两个区域的类间方差。

以上步骤计算出单个灰度值的类间方差，因此最佳分割门限值是图像中能够使得 A 与 B 的类间灰度方差最大的灰度值。

5. 感兴趣区域划分

分析处理结果时发现，道路图像的背景很难去除，而且对道路识别的准确度有很大影响，考虑到摄像头在车上的安装位置固定，拍摄到的道路信息总在相对较窄的范围内，所以对道路信息进行分割，以去除天空和路旁树木等的影响。

设整幅图像面积为 S，位于图像下半平面的感兴趣区域具体大小为

$$\mathrm{ROI}=7S/12 \tag{2-14}$$

如图 2-6 所示，A_1 主要为天空区域，基本不含车道线信息，A_4 为行驶记录视频包含的车头及其产生的投影信息，A_1 与 A_4 在车道线检测环节都可以排除在感兴趣区域之外，即车道线仅在 A_2 与 A_3 范围内提取。

图 2-6　基于车道线检测的感兴趣区域划分

A_4 的产生来自于本系统的行驶记录功能的需求。行驶记录视频包含车头边缘信息，可以更全面地记录驾驶过程的细节。

阈值处理后图像效果如图 2-7 所示。

图 2-7　原图与感兴趣区域阈值处理后的图像对比

2.1.4　车道识别

考虑大部分道路是结构化道路，有统一严格的标准，所以在规定的车速内近视野区域的车道线可近似为直线。在车道线直线提取算法中，Hough 变换是最常用的方法之一，它是利用图像全局特性把边缘像素连接起来组成区域封闭边界，是一种有效的提取直线算法，它抗噪性能好且算法稳定，实现的是一种从图像空间到参数空间的映射关系，如式(2-15)所示。

$$\rho = x\cos\theta + y\sin\theta \tag{2-15}$$

其中，ρ 为直线到原点的法线距离；θ 为该法线对应 x 轴的角度。道路图像平面上的一个点就对应到参数 ρ-θ 面上的一条曲线。依据点线的对偶规则，当给定道路图像中的一些边缘点时，就可以通过 Hough 变换确定连接这些边缘点的直线，如图 2-8 所示。

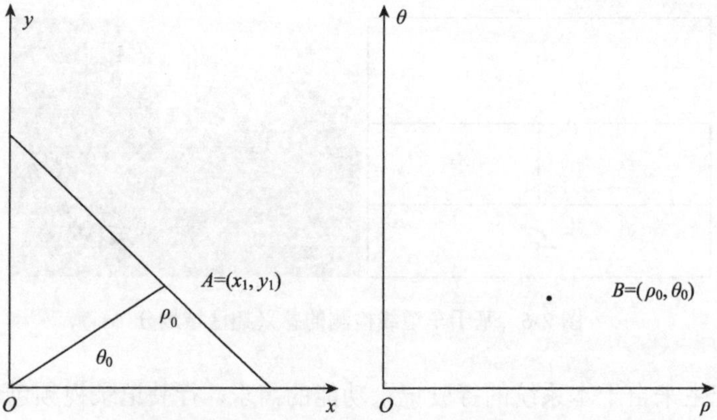

图 2-8　直角坐标系到极坐标系的变换

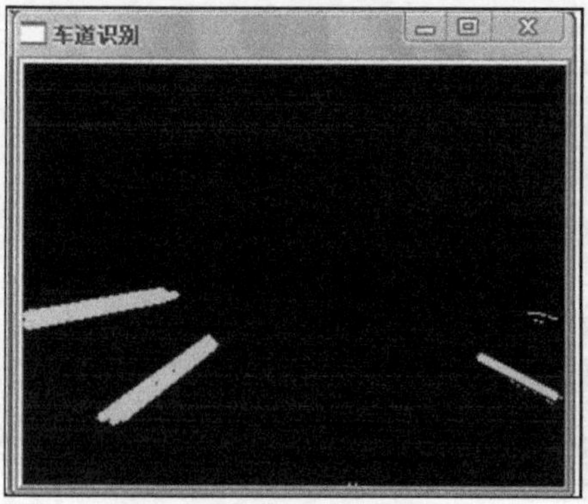

图 2-9　感兴趣区域车道线识别并标记

实验中用 cvHoughLines2 函数进行 Hough 变换，其中 param1、param2 分别指用于概率分析的线长和线距。函数具体定义如下：

```
CVAPI (CvSeq*) cvHoughLines2 (CvArr* image, void* line_ storage, int method,double rho, double theta, int threshold,double param1 CV_DEFAULT (0), double param2 CV_DEFAULT(0));
```

实验进行参数调试后，参数选择 20、10、20，取得了较好的视觉效果。最后调用 cvGetSeqElem 和 cvLine 函数将检测出的车道线标记染色。结果如图 2-9 所示。

2.1.5　车道线生成算法优化

优化基于以下假设。

假设 1：汽车行驶在标准二级以上道路，车道宽度为 (3.75 ± 0.5) m。

假设 2：道路基本处于同一水平面，车道线允许有较严重的缺损情况。

假设 3：汽车处于平稳驾驶状态，没有频繁换道。

假设 4：摄像头在汽车中的位置固定。

在以上假设成立的前提下，进一步把感兴趣区域设定优先级，视频区域 A_2 为较高优先级 1，A_3 为较低优先级 2。

算法设计步骤如下。

第 1 步，对左区域进行检测，检测出左车道线标记为较高优先级 1。如果未检测出则直接进入第 3 步。

第 2 步，根据第 1 步的检测结果生成右区域车道线，标记为较低优先级 2。

第 3 步，对右区域进行检测。检测出左车道线标记为较高优先级 1。如果未检出则直接进入第 5 步。

第 4 步，根据第 3 步的结果生成左区域车道线，标记为较低优先级 2。

第 5 步，生成车道线与检测出的车道线根据优先级进行拟合矫正，如果两区域均未检出车道线，则按当前驾驶状态给出参考车道线标记。

算法详细流程图如图 2-10 所示。

算法每 20 帧作为一个处理周期。

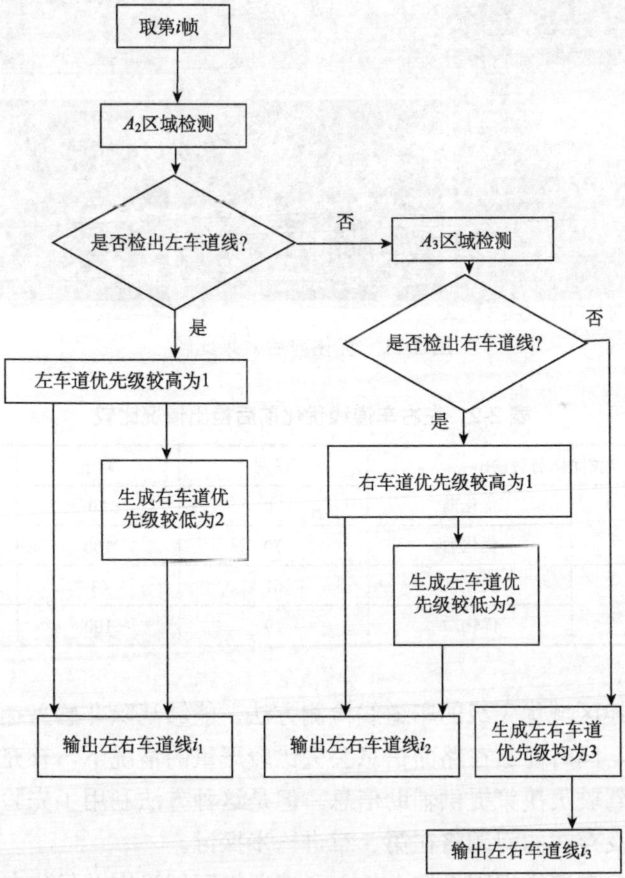

图 2-10　感兴趣区域优先级处理算法

2.1.6 实验测试与分析

车道识别算法采用 Visual C++ 6.0 编程，基于 OpenCV 实现。测试时单摄像头采集北京东四环与京通快速、朝阳北路的道路行驶视频进行识别并同时存储为 32bit RGB 的 AVI 文件。在 Windows XP SP2 操作系统，CPU 为 2.01GHz，1.87GB 内存的环境下，分别采用设定感兴趣区域的车道识别算法和感兴趣区域优先级算法，对时长 25min 的 AVI 文件分为每段 15s，共计 100 段进行测试，以人工检测结果为标准。优化前后结果比较如图 2-11 和表 2-2 所示。

图 2-11 优化前后效果比较

表 2-2 左右车道线优化前后检出情况比较

左右车道线优化前后输出		识别	输出	正确输出
左车道线	优化前	70	70	70
	优化后	70	100	93
右车道线	优化前	61	61	61
	优化后	19	100	93

基于感兴趣区域优先级的车道线检测方法，能够滤除非感兴趣区域的信息，提高检测速度，同时能够在路面信息丢失比较严重的情况下，补充“生成”路面车道信息，为驾驶员决策提供辅助信息。但是这种方法利用了先验知识的外延，对其实际效果及存在的问题将在第 5 章进一步探讨。

经过实测，在车道识别系统中加入了感兴趣区域设定并优化车道识别算法，缩短了处理时间，提高了系统实时性，保持了较高的鲁棒性。

然而实际道路环境比较复杂，简单采集到的道路单一信息不足以辅助驾驶员安全驾驶，例如，有时按照车道线检测的结果与按照障碍物检测的结果产生了矛盾，这会给驾驶员造成心理压力。所以，采集更多的信息并建立道路信息优先级是解决此类问题的方法之一。同时建立基于网络的辅助驾驶系统，通过网络共享道路交通信息，可以很好地解决此类问题。

建立道路信息场优先级。基于车载前置摄像头的道路信息场由前方障碍物(前方行人、前方车辆等)以及车道线等信息组成。在处理道路信息时，正常情况下并发完成各检测任务，紧急情况下(信息出现冲突)设定优先级依次为行人检测、车辆检测、车道线等信息检测，比较符合人们主观的伦理标准和驾驶客观规律，但仍需要在后续工作中深入研究。

2.2　基于车载前置移动视频采集终端的行人检测

本节介绍了一种基于移动终端的道路信息快速识别方法。该方法针对移动终端的特点进行算法优化，然后通过行人数据集训练，得到系统的最优参数。测试结果表明可以较好地满足实际需求。

2.2.1　行人检测的相关方法

行人检测是计算机视觉和智能汽车领域重要的研究课题之一。Curio 等[37]提出了一种行人运动轨迹的检测、跟踪和分类方法。Cutler 等[38]利用相似矩阵周期性对行人目标进行跟踪和分类。本行人检测系统是用车载摄像机捕获的道路视频数据来检测行人，从而预警可能发生的潜在危险。传统的基于计算机视觉的行人检测系统包括基于数据驱动的感兴趣区分割和目标识别两个模块，表 2-3 是传统的行人检测系统采用的一些相关方法，表 2-4 是行人检测的部分常见公开数据集。

表 2-3　行人检测方法

项目	基于运动	基于距离	基于图像特征	基于摄像机参数
原理	通过检测运动区域进行分割	通过测量目标到汽车距离进行分割	通过图像上典型行人特征进行分割	通过摄像机几何关系确定搜索区域
优点	受姿态影响较小	受姿态、颜色和光照影响较小	对图像数据直接操作	可只对感兴趣的区域处理
缺点	无法检测静止行人	需要额外测量设备	特性难定义	需要进行标定

表 2-4 行人检测数据集

数据集名称	训练集图像数/行人数	测试集图像数/行人数	行人最小高度/像素	训练集尺寸/像素
MIT	924	924	80	64×128
INRIA	614/2416	288/1132	100	—
ETHZ	490/1587	1083/9380	—	640×480
Daimler	15560×2	21790/56492	72	18×36 48×96
Caltech	350000/2300	350000/2300	—	640×480
TUD	2184/1776	1016/1326	—	720×576
NICTA	25551/25551	25551/25551	40	—
CVC-01	7175/1000	7175/1000	24	640×480

2.2.2 算法设计与实验分析

2005 年 Dalal 和 Triggs 提出了 HOG 特征。作为一种物体检测的描述子，主要用于行人检测[22]。

HOG 的核心思想是用局部梯度或边缘方向密度分布表征图像的局部外观。在实际操作中，将图像分为小的细胞单元，每个细胞单元计算一个梯度方向(或边缘方向)直方图。为了对光照和阴影有更好的不变性，需要对直方图进行对比度归一化，可以通过将细胞单元组成更大的块并归一化块内的所有细胞单元来实现。归一化的块描述符称为 HOG 描述子。将检测窗口中的所有块的 HOG 描述子组合起来就形成了最终的特征向量。此算法与边缘方向直方图、尺度不变特征变换等算法有很多相似之处。图 2-12 是算法的主要流程。

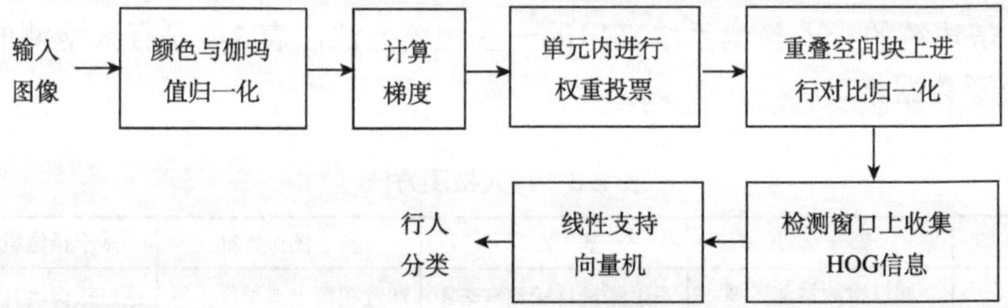

图 2-12 算法的主要流程

图 2-13 是基于 HOG 算法的处理过程和结果，数值单位均为像素。

图 2-13　算法的处理过程和结果

图 2-14 是部分图片(三幅)的基于 HOG 的直接处理结果。左边的是原图，右边的是经过 HOG 处理的可视化图片。算法的单元、块、检测窗口如图 2-15 所示。

图 2-14　算法部分处理结果

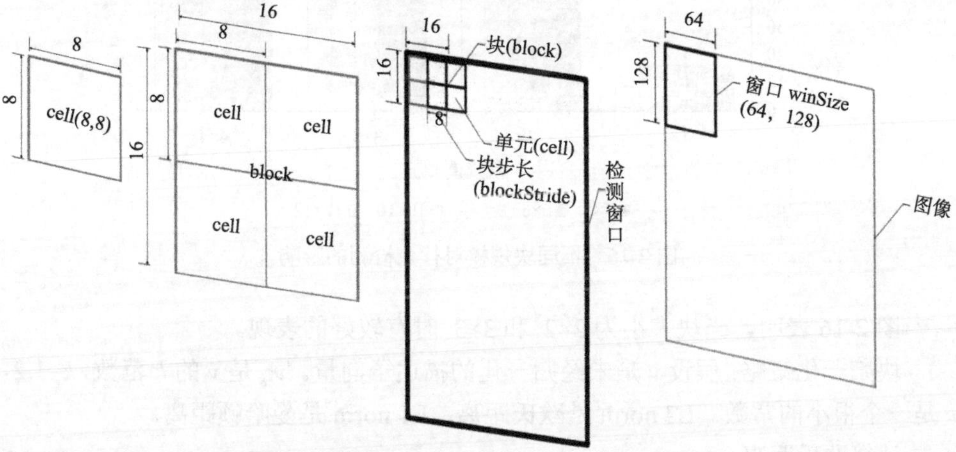

图 2-15　单元、块、检测窗口与图像的关系

计算像素点 (x,y) 的梯度如式(2-16)和式(2-17)所示。

$$G_x(x,y)=I(x+1,y)-I(x-1,y) \tag{2-16}$$

$$G_y(x,y)=I(x,y+1)-I(x,y-1) \tag{2-17}$$

梯度幅值计算公式为

$$G(x,y)=\sqrt{G_x(x,y)^2+G_y(x,y)^2} \tag{2-18}$$

方向梯度公式为

$$\theta(x,y)=\arctan\left(\frac{G_y(x,y)}{G_x(x,y)}\right) \tag{2-19}$$

其中，$I(x,y)$ 是像素点 (x,y) 的像素值；$G_x(x,y)$ 是像素点 (x,y) 的水平梯度值，$G_y(x,y)$ 是像素点 (x,y) 的垂直梯度值；$G(x,y)$ 是像素点 (x,y) 的梯度幅值；$\theta(x,y)$ 是像素点 (x,y) 的梯度方向。

文献[22]提供不同的梯度模板测试了经过不同梯度模板处理后的边缘图像，测试模板包括([–1,1]、[–1,0,1]、[1,–8,0,8,–1])，对角线模板以及 Sobel 模板等。实验表明：[–1,0,1]效果最好，人体轮廓与背景能够清晰地区分。图 2-16 是不同块规模对行人检测的影响。

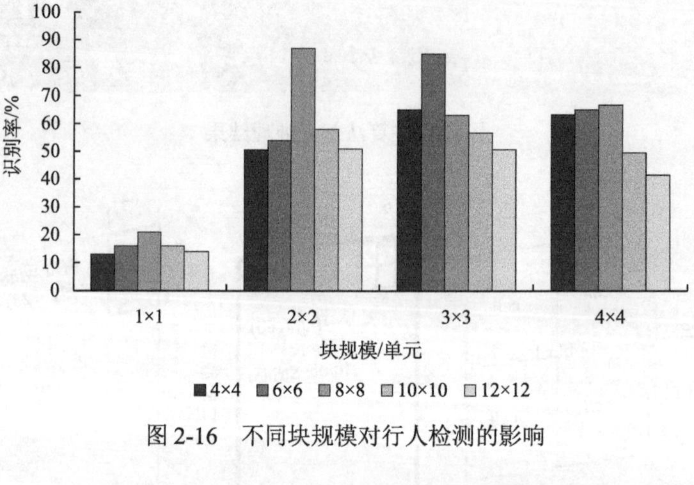

图 2-16　不同块规模对行人检测的影响

图 2-16 表明，当块大小为 2×2 和 3×3 时有较好的表现。

块归一化策略：假设 v 是未经归一化的描述子向量。$\|v\|_k$ 是 v 的 k 范数，k=1,2，ε 是一个很小的常数。L2 norm 是欧氏距离，L1 norm 是曼哈顿距离。

计算欧氏距离：

$$V \to v\Big/\sqrt{\|v\|_2^2+\varepsilon^2} \tag{2-20}$$

L2-Hys：先计算 L2 范数，然后进行限幅（限制 v 的最大值为 0.2）和再归一化计算曼哈顿距离：

$$V \to v/(\|v\|_1+\varepsilon) \tag{2-21}$$

计算 L1-sqrt（L1 范数取平方根）：

$$V \to \sqrt{v/(\|v\|_1+\varepsilon)} \tag{2-22}$$

同时对 100 组不同分辨率的含有行人的道路视频计算 HOG 特征，并记录时间开销，结果取平均值，检测窗口为 64×128 时，在常见的不同分辨率下使用 MATLAB 与 OpenCV 进行特征提取的时间开销如图 2-17 所示。

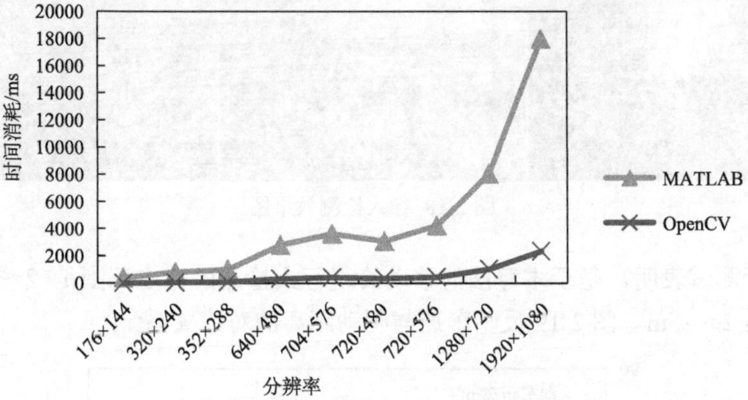

图 2-17　时间开销比较

经实验测试，由于视觉暂留等原因，人类可以接受 453.1ms 以内的时间延迟。这样，视频分辨率低于 704×576，即检测窗口与检测图像比例低于 1∶49.5 时，可以在移动视频采集和处理终端得到较低的延时。检测器最佳参数如表 2-5 所示。

表 2-6 给出了在 CPU 和 GPU 下处理常用分辨率图像的速度比较，说明优化后本算法在 GPU 下能够达到识别实时性的要求，即使在 CPU 下，实时性性能下降也不明显，适合在车载移动终端中应用。

表 2-5　检测器最佳参数

参数	最佳参数
梯度算子	[−1,0,1]
方向 BIN 数	9
高斯滤波参数 σ	8
归一化因子	欧氏距离

表 2-6 CPU 与 GPU 下识别速度比较

图像大小/像素	CPU/(帧/秒)	GPU/(帧/秒)
640×480	20.8(50 次平均值)	29.7(50 次平均值)
720×576	17.4(50 次平均值)	24.7(50 次平均值)

图 2-18 给出了部分复杂背景下的实际测试图，其中存在着明显的误检，解决办法将在第 5 章进行详细说明。

图 2-18 行人检测效果图

实际测试表明，基于本算法的移动终端行人检测的稳定范围是 2～12m，有效范围是 2～25m。图 2-19 反映车速与制动距离的对应关系。

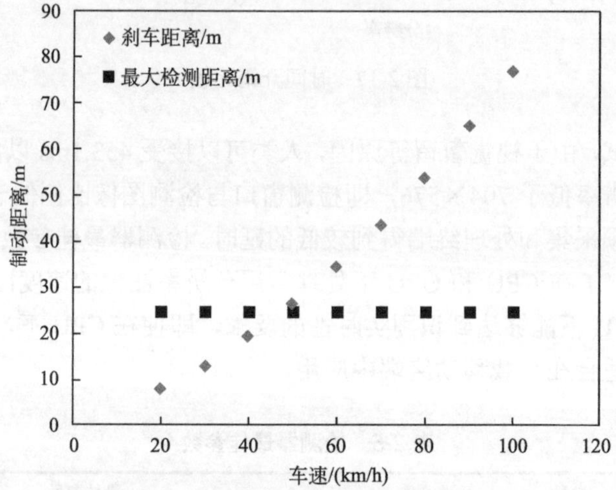

图 2-19 车速与制动距离的对应关系

从图 2-19 可以看出，理想情况下可以支持时速在 50km 以下的车载移动终端进行行人检测。

使用测试集进行测试，结果显示，识别率仅能够达到 55%，原因是复杂背景的干扰和行人状态的变化，形成了比较困难的行人检测。

在真实的道路上，往往会遇到比较复杂的情况，对行人检测的准确性产生了一定影响，如图 2-20 所示，打伞的行人很多时候遮盖住了传统的行人检测需要的主要特征，保留很少的行人信息，类似还有低速行驶的电动自行车，还有比较困难的情况是有完整车身特征的人力车、电动三(四)轮车的识别。因为其短距离内的机动灵活性和相对汽车的低速特征，建议把自行车归为行人范畴，具有完整汽车车身特征的电动车等归为汽车范畴。

图 2-20　打伞行人数据集

2.3 车辆识别

本节通过对主流的单目视觉车辆检测方法进行研究，设计并实现了一种基于单目视觉的“前方道路车辆识别系统”。该系统可以在车载情况下，识别前方道路的障碍车辆，并对识别结果进行预警。

通过将基于特征的筛选和基于机器学习的分类方法相结合，实现车辆的识别功能。同时，通过使用基于区域的方法实现了车辆跟踪功能。

道路情况的复杂性主要体现在其上会出现多种状况不定、不可预测的障碍物。其中的行人和车辆更是因为其本身处于相对不规则的运动之中，而不能用简单的方法判断他们与车辆之间的相对位置。

对于车辆行驶在路上所能碰到的障碍物而言，相比行人等障碍物，道路车辆占据了总体中超过90%的部分。因此对道路车辆的检测将是一个非常重要的环节。

2.3.1 车辆检测方式概述

目前车辆检测的主要方案有三种：①利用摄像头结合其他硬件如声呐、红外感应器等进行检测；②利用双目摄像头进行检测；③利用单目摄像头进行检测。

三种方案中，方案①可以用来获取信息的途径丰富，因此识别率最高。然而缺点也比较明显。首先是成本较高。除摄像头之外，系统须安装必要的硬件用来辅助检测，如声呐、红外发射器等。其次是目前在视觉可获取信息方面还有很大的挖掘空间。方案①的性价比相对较低。

方案②由于所有的设备都属图像捕捉设备，因此信息结合相对简单。同时由于可以获得立体空间内的信息，信息的精准度提高，系统的运算速度提高，误检和漏检率下降。其可以获得比较丰富的前方道路状况信息，不过缺点也和方案①类似，除了特殊的硬件支持外，对使用环境也有较高的要求。

方案③只需要一个摄像头就可以达到基本要求。该方案可以较好地利用现有的硬件条件，更快地部署在现有硬件设备（如手机等拥有摄像头的移动设备）上。不过该方法也有一定的缺点，例如，由于获取的信息相对较少，使用传统检测方法的情况下，准确率相比较而言会有一定程度的下降。同时，由于要用到机器学习的特性，样本的组织、分类器的选择等具体环节也将会对结果造成不同程度的影响。作为辅助驾驶的可选择方案之一，在性能上有较大上升空间的前提下，仍然有较高的应用和研究价值。

2.3.2　基于视觉的车辆识别方法

目前基于视觉的车辆识别的主要分类和原理如表 2-7 所示。

表 2-7　车辆识别分类和原理

分类		原理
基于特征	基于阴影	在白天行车时前方车辆底部形成明显的阴影区域
	基于边缘	道路车辆在水平和垂直方向都有显著的边缘特征
	基于角点	行驶车辆尾部外形呈矩形或梯形，因此可以找四个角点
	基于位置	通过检测车道区域内物体的方法来标识疑似障碍物
基于机器学习		从正负样本中提取目标特征，通过训练得出决策方法
基于光流		运动物体在图像上变化状态的体现对图像质量要求高
基于模型		建立车辆模型匹配外形单一模型，难以匹配全部车辆

2.3.3　基于视觉的车辆跟踪方法

目前比较常见的跟踪方式有三种，分别是基于三维模型的方法、基于均值移动的方法和基于区域的方法。

基于三维模型的方法是通过标定的方式推断出物体在运动中的实际轨迹，再根据前方车辆运动的连续性，将检测结果与实际车辆运动相匹配，推断出物体的实际运动状态。这种方法对车辆模型的依赖度比较高，并且要求的计算量也比较大，不适于对实时性要求比较高的场景。

基于均值移动的方法是通过对每一帧使用均值移动以实现物体追踪的一种方法。通过对图像的直方图计算得到与跟踪车辆区域的概率分布相近的区域，推算出跟踪区域的偏移量。这样经过多次迭代运算，当偏移量小于阈值或迭代次数超过阈值时，即认为成功定位车辆。这种方法对图像本身的色域稳定程度要求较高，如果图像的颜色不够稳定，如光线变化复杂，则使用这种方法会导致跟踪区域不稳定，极端情况下可能导致跟踪区域变成整个区域。

基于区域的方法是通过检测出的车辆区域建立目标的移动模板。在跟踪时首先通过识别算法将满足条件的物体找出，然后通过匹配识别出物体在之前帧最可能的位置实现跟踪。这种方法可以自定义跟踪区域的形状和大小以及跟踪规则，对操作的限制较少。该方法对匹配算法有一定要求，如果匹配规则过于宽松，则可能将多个物体识别为一个物体且位置不稳定；如果匹配规则过于严格，则可能出现一个物体被识别为多个物体的情况。

2.3.4 基于移动视频的道路车辆检测与跟踪系统分析

在车载前置摄像头视频中实现对运动的车辆、行人进行检测时，适用于摄像头固定即背景固定状态的光流法、背景差法等在绝大多数情况下已经不能达到检测要求。因为摄像头已经由静止状态转变为运动状态，其采集的背景信息也在随之发生变化。

背景差分的二值化数学描述为

$$D_i(x,y)=\left|I_i(x,y)-B_i(x,y)\right| \tag{2-23}$$

$$M_i(x,y)=\begin{cases}1, & D_i>T\\ 0, & D_i\leqslant T\end{cases} \tag{2-24}$$

其中，$I_i(x,y)$为当前帧的灰度图；$B_i(x,y)$为当前帧背景的灰度图；$M_i(x,y)$为相减后的二值化结果；T为阈值。

图 2-21 显示的是当背景静止时，背景差分法（T=20）提取运动汽车的效果，背景建模算法使得背景对噪声有一定抑制，检测到的汽车轮廓比较清晰。

(a) 原图　(b) 提取背景　(c) 前景提取

图 2-21　静止背景下的背景差分法

当背景相对变化较小时，背景差分法仍然有一定效果，但是作为前景车辆或行人的提取方法，已经比较单薄，如图 2-22 所示。

(a) 原图　(b) 提取 20 帧的背景　(c) 前景提取

图 2-22　变化背景下的背景差分法

符合原始静止背景定义的光影信息可以被提取出来，如图 2-23 所示。

(a) 背景-光影反射信息的提取效果　　(b) 60 帧的背景-光影反射信息的提取效果

图 2-23　光影信息的提取

从图 2-23 可以看出，背景提取随着运动状态的不断变化而呈现清晰化。后者明显要比前者更清晰，更适合做信息分割。因为真实的道路背景是相对运动的，所以在提取结果中呈现出模糊状态，但是车头和一张出入证的光影反射信息比较清晰地保留下来，与预期一致。该图片部分区域客观评价的结果也给了我们一个思路，使用背景差分是有效解决光影噪声的一种方法。

另外，在灰度图二值化中，选择不同的阈值可以达到不同的效果，如图 2-24 所示。

分析图 2-24 可知，当 LEVEL=0.4 或 0.5 时，配合感兴趣区域分割，可以把汽车从背景中有效地区分出来。当 LEVEL=0.6 时，比较适合光影信息的识别(类似车牌识别)。

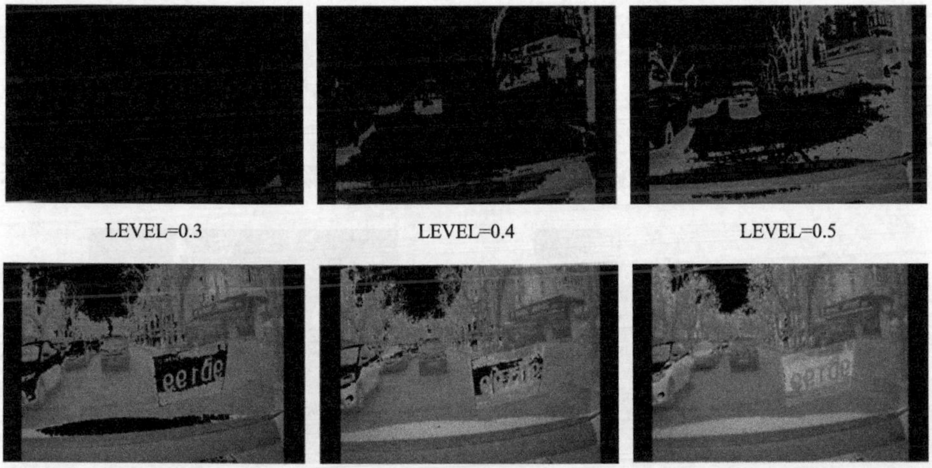

LEVEL=0.3　　LEVEL=0.4　　LEVEL=0.5

LEVEL=0.6　　LEVEL=0.8　　LEVEL=0.9

图 2-24　不同阈值下的图像效果

基于 Mean Shift 的背景提取算法首先为每个像素选择一组样本 $S = \{x_i\}, i=1,\cdots,n$，$x_i$ 是像素在时间轴的强度值，n 是样本数目。从 S 中选出典型样本点（典型样本点数目为 m，m 远小于 n），将这组典型样本点记为 $P = \{p_i\}, i=1,\cdots,m$。$P$ 中的典型样本点取原始样本点的局部平均值。

Mean Shift 过程：从 P 中的典型样本点开始运用 Mean Shift 过程，得到收敛点 m。

（1）初始化 Mean Shift 过程：

$$y_1=p_i \tag{2-25}$$

（2）反复运用 Mean Shift 过程直至收敛。

$$y_{t+1} = \frac{\sum_{i=1}^{n} x_i g\left(\left\|\frac{y_t - x_i}{h}^2\right\|\right)}{\sum_{i=1}^{n} g\left(\left\|\frac{y_t - x_i}{h}^2\right\|\right)} \tag{2-26}$$

（3）保存收敛点 y_{conv}。

获取 q 带权重的聚集中心，$C = \{\{c_i, w_i\}\}, i=1,\cdots,q$，其中 c_i 是每个聚集中心的强度值，w_i 是聚集中心的权重。每组的点数记为 l_i。

$$m = \sum_{i=1}^{q} l_i \tag{2-27}$$

每组中心权重定义为 $w_i = l_i / m$，$i=1,\cdots,q$。最后获取最可靠背景模型：

$$\hat{C} = C_{i^*} \tag{2-28}$$

其中

$$i^* = \arg\max\{w_i\} \tag{2-29}$$

实验表明，当 n=100 时，能够使静止背景图像得到较好的可视质量和适应性。对于移动视频中的背景图像并不完全适合，对于道路信息提取中的车道线检测，在一般情况下仍然有效，但需要配合使用感兴趣区域方法滤除无用信息，如图 2-25 所示。

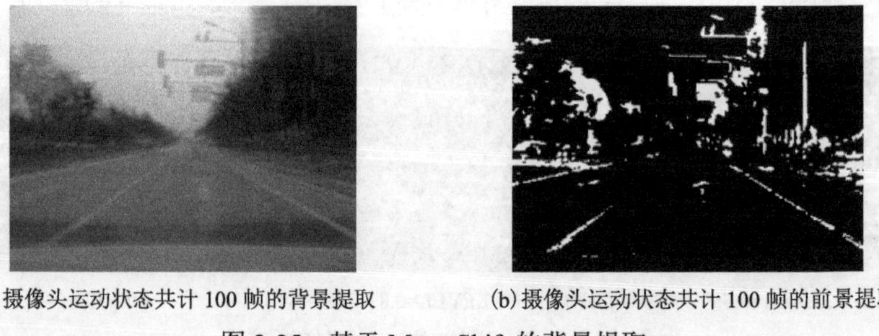

（a）摄像头运动状态共计 100 帧的背景提取　（b）摄像头运动状态共计 100 帧的前景提取

图 2-25　基于 Mean Shift 的背景提取

2.3.5　车辆识别算法分析与设计

本模块负责将输入的图像中的车辆进行识别，并整理成车辆区域的集合，交给接下来的模块使用。

如图 2-26 所示，整个模块的处理流程共分为五个步骤：①灰度化；②二值化；③筛选阴影线；④判别区划定；⑤分类器筛选。

图 2-26　车辆识别模块流程

1. 图像灰度化

首先，同 2.1 节的图像预处理原因一样，由于直接采集的图像包括三个通道，直接使用会导致需要处理的信息量陡增。而且这其中的相当一部分信息，在之后的步骤中并不会使效果有所提升，更多的只是减慢了处理速度。因此第一步是选择去除这些无用的信息，如图 2-27 所示。灰度化公式见式(2-6)。

图 2-27　图像灰度化效果示意图

2. 图像动态二值化

由于需要用来鉴别的特征之一为“车下阴影”，所以需要提取出车辆的阴影。使用的方法有两种，分别是使用固定阈值进行二值化和使用动态阈值进行二值化方法，如图 2-28 所示。

(a)静态阈值　　(b)动态阈值

图 2-28　二值化图像

摄像头拍摄到的图像经常会发生很大的变化，例如，周围光线影响以及摄像头硬件自己的调整等，都会使摄像头拍摄到的图像的亮度产生较大变化。在这种情况下并不适合使用固定阈值进行二值化，而比较适合的方法是使用动态阈值法。

动态二值化的阈值选定方式分为两种：一是先通过画面上所有的像素计算出一个整体值(如平均值)，再使用这个值进行二值化操作；二是为每个像素根据周围的像素选定自己的阈值进行操作。

研究发现，这两种方式的处理过程以及处理后的图像表现出了比较明显的区别。

其中，针对前一种方式选择了两次阈值化的方式进行处理。若设阈值为threshold，图片的均值为avg，方差为dvt，则计算阈值使用的公式可以表示为

$$\text{threshold} = \text{avg} - \text{dvt} / (\text{avg} / \text{dvt}) \tag{2-30}$$

经过计算得出的 threshold 将作为阈值化中使用的参考值，阈值化流程如图 2-29 所示。其中第一次阈值化将保留亮度低于 threshold1 值的点，将高于此值点的亮度更改为 threshold 值，可以有效地降低画面的整体亮度，也将使下一轮阈值计算得出的阈值更加接近阴影的亮度。

第二次阈值化选择将所有高于 threshold2 值点的亮度值设定为最大值，将低于 threshold2 点的亮度设为 0。经过两次处理后，剩下亮度为 0(即黑色)的区域即认定的阴影区域。

该方法计算量比较小，但健壮性相对较差。研究尝试采用自适应阈值的方法进行动态阈值化。基本原理是在选定点的范围内选取一个图像矩阵，这个矩阵称为核，而选定的点正处于核的中心。核中的每个点根据其与选定点的位置关系，都拥有自己对应的权值。在对核中的点进行加权平均之后，得到的值便作为选定点的参考阈值。如果选定点亮度高于此值，则将亮度调整为最大，若低于此值则设定亮度为 0，流程如图 2-30 所示。

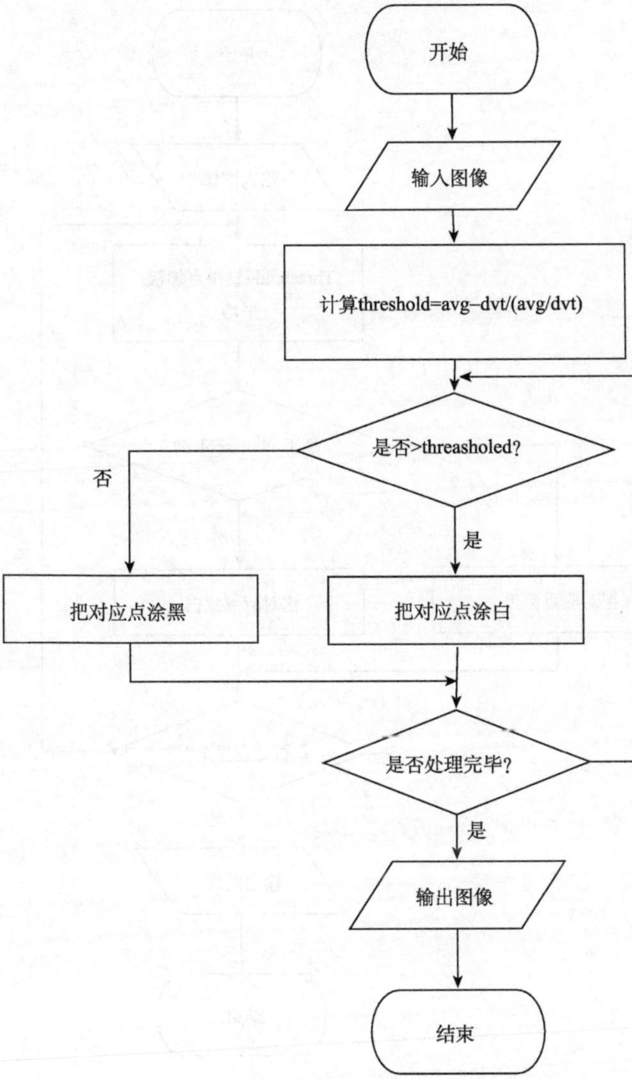

图 2-29　二次阈值法流程

该方法达到更好的效果，与核有直接的关系。核如果过大，则运算结果将和普通的动态阈值方法差别很小；由图 2-31 可以看出，核如果过小，则运算结果将无法照顾到面积比较大的阴影，这些阴影将有可能被“掏空”，对接下来的操作造成影响。

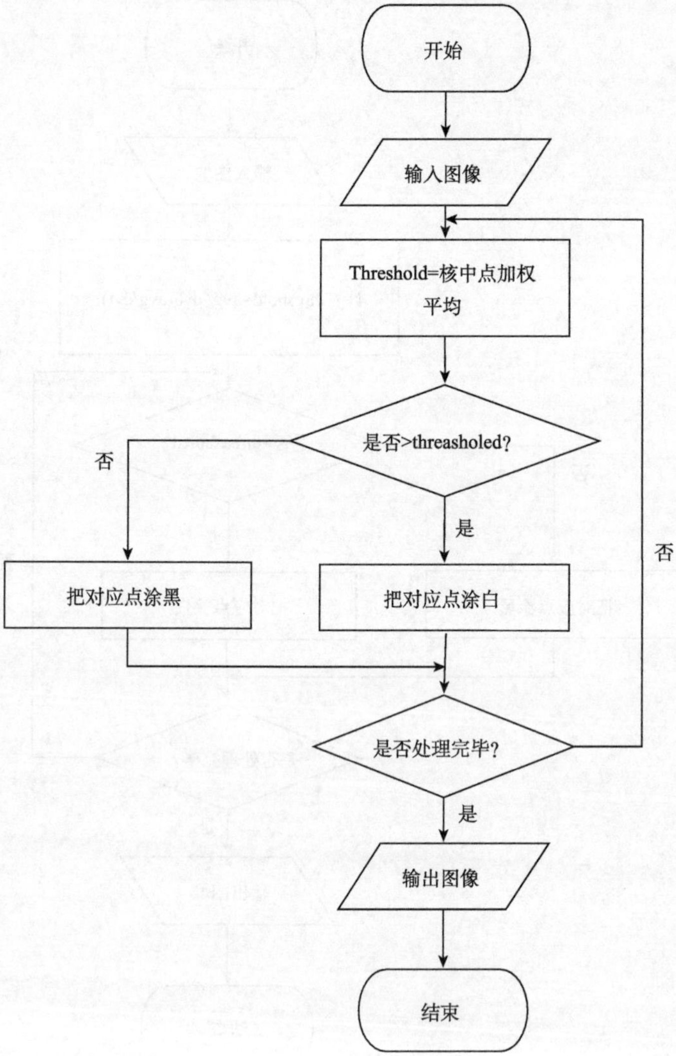

图 2-30　动态阈值法流程

从图 2-31 中可以看出，核过大和过小都会对阈值化结果造成严重影响。

最终经实验，选定核的大小为

$$\text{Size}=H+H\,\%\,2-1 \tag{2-31}$$

其中，H 代表画面高度。最后的–1 是为了保证核的大小为奇数，否则将无法取出中点。

(a) 核过大　　(b) 核过小

图 2-31　比较差的结果

由图 2-32 (a) 和 (b) 可以看出，在使用了动态阈值法之后，阈值化的效果在不同环境下均有比较稳定的表现，但是计算量较大。人工选取 6 幅车辆路况比较复杂的车载视频图片进行测试。表 2-8 展示了对同样的图片进行二值化之后的结果。其中“阴影区数量”为较清晰的阴影区的数量，“转化后的有效数量”为转化后明显保留的“车下阴影”的数量。计算时间开销使用了 Windows API 中的函数 GetTimeTick 求差，以及 OpenCV 自带的计算 CPU 周期的函数这两种方法，对每一幅图片，分别进行 3 次转化，取 6 次消耗时间的平均值作为“平均消耗时间”，精确到整数位。每一项的第一行为两次阈值方法进行转化的结果，第二行为自适应阈值方法转化的结果。

(a)　　(b)

图 2-32　动态阈值法效果

表 2-8 图片阈值化效果与耗时结果

阴影区数量(不同图片)	阈值化方法	转化后的有效数量	平均消耗时间/ms
5	2 次阈值法	5	13
	自适应阈值法	5	32
4	2 次阈值法	1	20
	自适应阈值法	4	45
6	2 次阈值法	5	21
	自适应阈值法	6	50
4	2 次阈值法	4	15
	自适应阈值法	4	31
8	2 次阈值法	3	50
	自适应阈值法	7	123
5	2 次阈值法	0	43
	自适应阈值法	3	97

由表 2-8 可以看出，自适应阈值法能够得到不低于 2 次阈值法的转化效果。且转化有效区域的能力比较强。但是自适应阈值法的时间开销比较大，相同情况下至少是两次阈值法时间开销的两倍以上。

3. 筛选阴影线

经过动态二值化后的图片中，剩余的黑色部分被作为“阴影区域”。通过对阴影区域的筛选，将可以缩小接下来的步骤中所需处理区域的范围。

阴影线指的是在水平方向上，图像上任意一行中，覆盖阴影范围的高度为 1 像素的线段。

如图 2-33 所示，车下两个箭头之间的线，即阴影线中的一条。

由于汽车的阴影都出现在路面上，并且同样尺寸的物体在路面上会满足近大远小的特征。所以通过对阴影线进行筛选，可以排除那些明显不为车辆阴影的阴影区。

每一帧的图像在筛选阴影线这个步骤都会经过阴影线扫描，将扫描出来的阴影线的长度和位置提交判断，若判断出来可能是车辆阴影则保留，反之则丢弃。

判断依据如图 2-34 所示。

由图 2-34 可得，以画面底边为道路起始点，高度 h 的点为道路“尽头”的情况下，若设阴影线与道路尽头的高度差为 h_s，在道路“起点”处合理的车辆的阴影长度为 l_{max}，阴影线长度为 l_s，则应满足等式：

图 2-33　阴影线

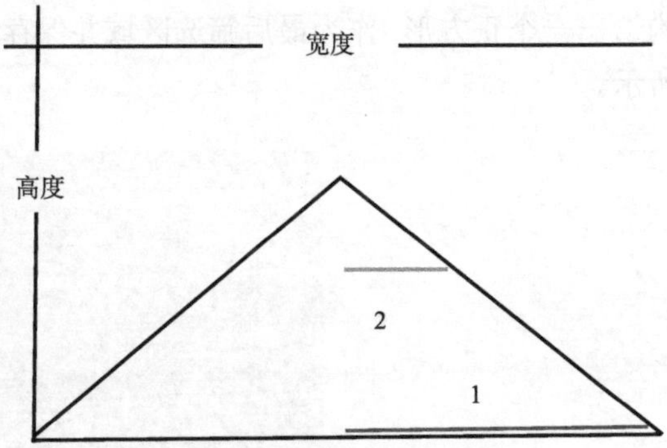

图 2-34　线段长短示意图

$$l_s = l_{max} \cdot h_s / h \quad (2\text{-}32)$$

其中，l_s 与 h_s 为传入参数；l_{max} 及 h 为预置值。

为了加快处理速度，垂直方向高于 h 的部分将被直接抛弃。

满足条件的阴影线将被绘制到另外一幅图片进行下一步处理。

4. 判别区划定

在筛选阴影线阶段所筛选出来的阴影线将会被绘制在新的图片上。这些阴影线会连接成一片片“阴影区”，其中可能包括多辆车的阴影，需要做腐蚀操作。

腐蚀操作是在选定点周围的一定范围选择一个矩阵，这个矩阵称为核。选定点将以核中亮度最低的点作为自己的亮度。腐蚀操作可以把相互连接区域间的细小连接断开。进行过腐蚀操作后，阴影图里面的一部分区域将会分成多个区域，以便分别处理，如图 2-35 所示。

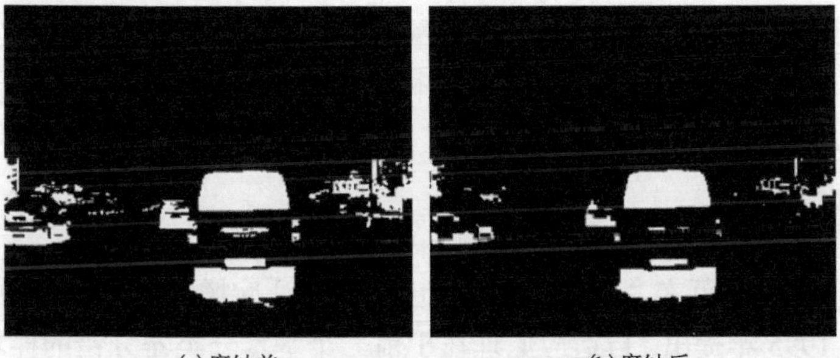

(a) 腐蚀前　(b) 腐蚀后

图 2-35　阴影区腐蚀前后

通过边缘寻找法找到处理后图片的每一片区域的边缘，得到外接矩形。以每个外接矩形底边位置为最终正方形区域底边位置，以底边长度的 X 倍为边长构造出一个正方形，作为最后筛选区域并保存，作为下一步筛选的依据，如图 2-36 所示。

图 2-36　最后划定的识别候选区

阴影转化区域数量如表 2-9 所示。

表 2-9　阴影转化区域数量

车辆数量(不同图片)	识别区数量
5	10
4	22
6	8
4	13
8	10
5	22

在大部分情况下，划定的阴影区数量高于实际车辆的数量，并且实际划定区域中，有一些车辆区域也已经被抛弃。本节基于驾驶任务驱动，选择了图片的下半区域作为感兴趣区域进行区域过滤。

5. 分类器筛选

AdaBoost[104]是英文“Adaptive Boosting”(自适应增强)的缩写，由 Freund 和 Schapire 在 1995 年提出。自适应原理在于前一个基本分类器分错的样本会得到加强，加权后的全体样本再次被用来训练下一个基本分类器。

作为一种迭代算法，AdaBoost 在每一轮中加入一个新的弱分类器，直至达到某个预定的足够小的错误率。每一个训练样本都被赋予一个权重，表明它被某个分类器选入训练集的概率。如果某个样本点已经被准确地分类，则在构造下一个训练集中，该样本点被选中的概率就被降低；相反，如果某个样本点没有被准确地分类，那么其权重就得到提高。

算法的具体步骤如下。

(1) 给定样本集 $S=\{(X_1,Y_1),(X_2,Y_2),\cdots,(X_N,Y_N)\}$，其中 X 和 Y 对应正样本和负样本；M 为训练最大循环次数。

(2) 初始化样本权重为 $1/N$，即样本初始概率分布：

$$D_1=(w_{11},w_{12},\cdots,w_{1i},\cdots,w_{1N}),\quad w_{1i}=1/N,\quad i=1,2,\cdots,N \tag{2-33}$$

(3) 进行多轮迭代。

①训练样本的概率分布，训练弱分类器：

$$G_m(x):\chi\to\{-1,+1\} \tag{2-34}$$

②计算弱分类器的错误率：

$$e_m=P\big(G_m(x_i)\neq y_i\big)=\sum_{i=1}^{N}w_{mi}I\big(G_m(x_i)\neq y_i\big) \tag{2-35}$$

③计算 $G_m(x)$ 的系数：

$$\alpha_m=\frac{1}{2}\ln\frac{1-e_m}{e_m} \tag{2-36}$$

④更新样本权重：

$$\begin{cases}D_{m+1}=\left(w_{m+1,1},w_{m+1,2},\cdots,w_{m+1,i},\cdots,w_{m+1,N}\right)\\ w_{m+1,i}=\dfrac{w_{mi}}{Z_m}\exp\big(-\alpha_m y_i G_m(x_i)\big),\quad i=1,2,\cdots,N\end{cases} \tag{2-37}$$

经 T 次循环后，得到 T 个弱分类器，按更新的权重叠加，最终得到强分类器。

$$G(x)=\mathrm{sign}(f(x))=\mathrm{sign}\left(\sum_{m=1}^{M}\alpha_m G_m(x)\right) \tag{2-38}$$

研究用 Haar 特征来识别车辆。分类得出的结果将是一系列矩形，每一个矩形均代表着分类器认为可能属于该类别的区域。这些区域被合并之后，保留下来的区域便被当作最终的车辆区域。

最终可能会出现一部分重复的结果，而这些结果如果不进行整理将会对后面的追踪工作造成影响。所以对这些区域进行合并操作，如图 2-37 所示。

合并的规则描述如下。

如果有候选区域 a 和 b，若区域 a 的面积小于区域 b 的面积且重叠部分的面积高于 a 的面积的 rate 倍，则认为这两个区域是一辆车所对应的区域。其中 rate 是事先设定的小于 1 且大于 0 的值。

(a) 筛选前　　　　(b) 筛选后

图 2-37　候选区域筛选与合并

集合中的矩形区域将被认为是当前帧中的有效车辆区域，识别结果分析如表 2-10 所示。

表 2-10　识别结果分析

车辆数量	识别正确数量	识别错误数量	未识别数量
5	4	0	1
4	4	0	0
6	3	2	3
4	4	1	0
8	3	2	5
5	3	5	2

2.3.6　车辆跟踪子模块

车辆跟踪的方法主要有 3 种，分别是基于三维模型、基于均值移动和基于区域方法。

道路车辆的移动规律在画面上可以表现出：①物体数量较多；②周围环境复杂且背景处于运动状态；③同一个物体在相邻两帧的位置差距较小；④光线不稳定可能会造成车颜色发生变化。在这种条件下，使用均值移动的方法会造成计算量较大的问题。因为视频采集设备是单目视觉设备，所以难以建立比较精确的三维模型。因此，基于三维模型的方法可能会出现比较大的误差。

综上所述，模块选择了使用基于区域的方法对车辆进行跟踪。

整个跟踪流程如图 2-38 所示，主要分为以下 3 步。

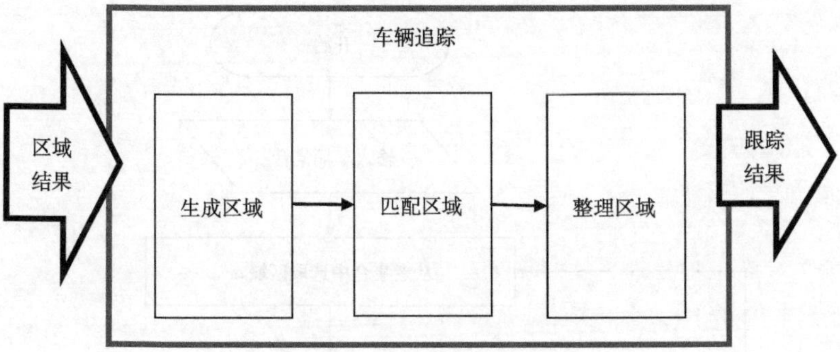

图 2-38　车辆追踪

(1) 生成区域。这一环节对识别到的区域进行整理。

(2) 匹配区域。每一帧的结果将会在这里跟上一帧的结果进行比对，根据区域相似程度判断是否为同一辆车。

(3) 整理区域。把未识别到的车辆加进结果集，并对长时间未检测到车辆的帧进行删除操作，整理出最终结果。

系统将所有单帧检测信息进行匹配，检查前后帧之间的关联。

判断方法：如果 $(x_1-x_2)^2+(y_1-y_2)^2<$阈值为真，则认为车辆 1 与车辆 2 为同一辆车。其中 (x_1, y_1) 为车辆 1 的位置，(x_2, y_2) 为车辆 2 的位置。若车辆 1 与车辆 2 为同一辆车，则开始确定运动状态。整个算法的流程图如图 2-39 所示。其中，区域合并所需要做的工作有：

(1) 将未检测计数器置为–1。

(2) 将检测计数器+1。

(3) 计算运动状态。

运动状态的确定方式为通过比较车辆的位置 (即中心点位置) 与上一帧位置的关系来判断。由于车辆距离摄像头越近，整体位置应当越靠画面下端，所以认为当坐标下移达到一定距离时，车辆接近；当上移达到一定距离时，车辆远离；在这两个状态之间便认为是相对静止的。

2.3.7　车辆检测的训练

训练时使用哈尔 (Haar) 小波特征。生成正样本信息后，再训练输出文件。训练时使用的正样本过滤大小为 40 像素×30 像素。

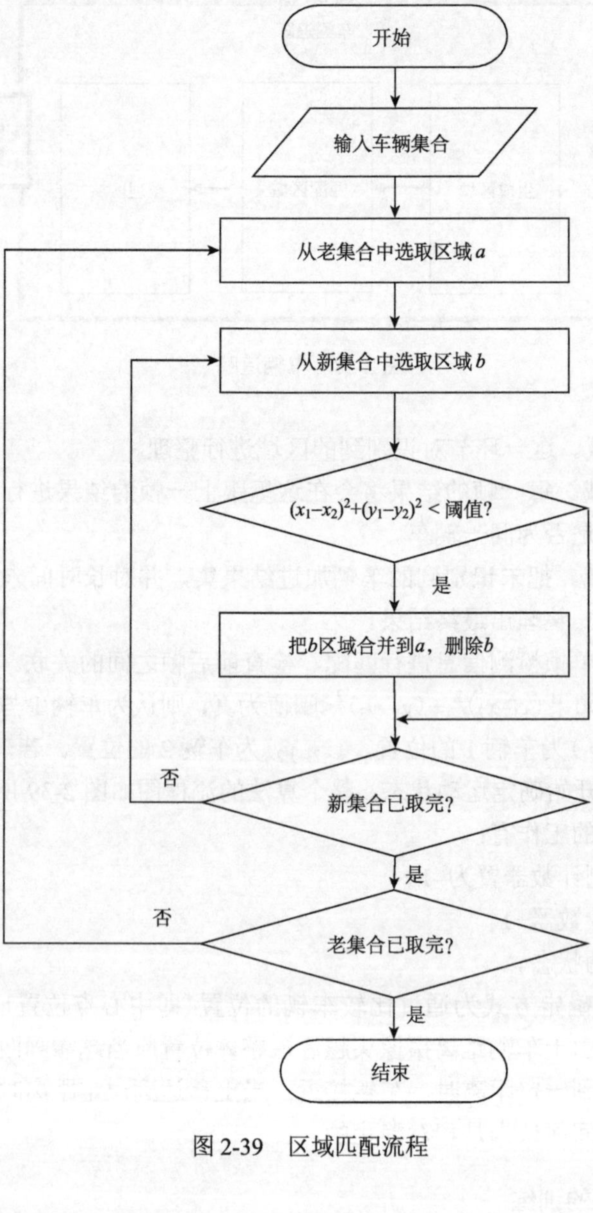

图 2-39 区域匹配流程

2.4 结果分析

2.4.1 时间性能测试与分析

首先设计系统性能评估流程如图 2-40 所示。

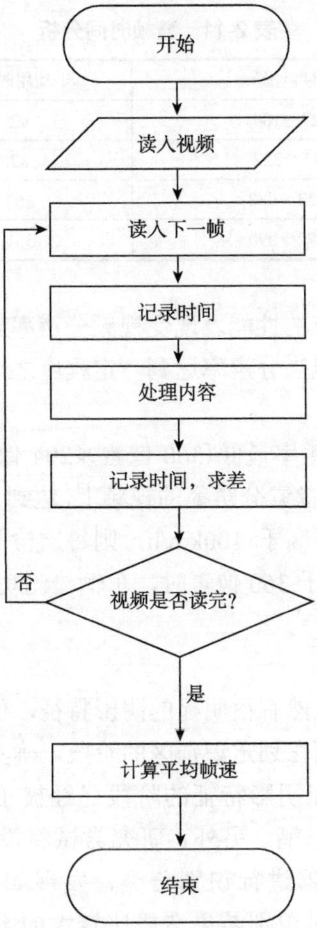

图 2-40　性能评估流程

(1) 读入视频。
(2) 循环读入每一帧。
(3) 处理之前取时间标记。
(4) 处理过程。
(5) 取结束处时间标记。
(6) 更新最高、最低、总数并把总帧数+1。
(7) 最后输出结果。

目前系统完成整个过程需要的耗时如表 2-11 所示。

表 2-11 整帧时间分析

分辨率/像素	用时范围/ms	平均用时/ms	帧率/(帧/秒)
360×204	27～180	42	23.8
480×272	45～322	87	11.5
640×360	123～682	262	3.8
1280×720	372～990	561	1.8

从结果可以看出，系统的性能表现受视频分辨率影响较大，基本上耗时与视频分辨率呈正比例关系，但当分辨率达到一定程度之后，系统检测速度的降低趋势开始放缓。

由表 2-11 可看出，分辨率最低(360 像素×204 像素)画面的时间表现基本满足流畅性。在 480 像素×272 像素分辨率的视频上，达到平均每帧检测时间在 100ms 之内。假设车辆行驶速度不高于 100km/h，则每次检测之间的实际车辆行驶距离在 2.5m 以内。当分辨率高于 360 像素时，车辆检测功能不再满足实时性需求。

2.4.2 识别与跟踪性能分析

研究发现，部分车辆虽然有很明显的阴影特征，但是并不能被正确识别。经过单步比较发现，这些车辆在划定识别区的阶段，确实已经被划入了候选区，也就是说，这些车辆的区域在阴影特征的阶段已经被正确划分，然而在分类器识别阶段，并没有被划归为车辆。另外，研究尝试将没有被识别的车辆区域单独切割出来，直接载入分类器进行识别分类，发现如果车辆周边的“非车辆区域”保留的大小不同，将对识别结果造成比较大的影响。另外，在车辆颜色与周围环境的灰度颜色比较接近，且周围环境比较混乱的情况下，也会对识别率造成影响。

跟踪性能方面，研究通过随机选定视频中的某车辆，对其跟踪情况进行评估，得出表 2-12。

表 2-12 车辆跟踪结果

车辆	最大丢失帧数	最大连续帧数	状态监测错误比/%
车辆 1	4	15	32
车辆 2	6	8	60
车辆 3	5	12	27
车辆 4	—	3	—

表 2-12 中，最大丢失帧数是指车辆在画面中最长的连续丢失帧数，最大连续帧数是指最长的连续检测到的帧数，状态监测错误比是指在被侦测到的帧数中状态监测错误的情况，例如，把接近状态监测成远离状态等。跟踪状态并不是很稳定，结果显示超过 50%的时间车辆 2 的跟踪都处于错误状态。

当使用不同分辨率的视频进行对比时，可以看出视频分辨率越高的情况下，检测到的状态越不容易出现闪动等情况。

2.5　本章小结

本章介绍了一种轻量级的感兴趣区域优先级的设定方法，提出了一种基于移动终端的道路行人信息快速识别方法。该方法针对移动终端的特点进行算法优化，然后通过行人数据集训练，得到系统的最优参数。测试结果表明可以较好地满足实际需求。本章对主流的车辆识别方法进行了分析，通过对主流车载视频车辆检测方法的研究，设计并实现了一种基于单目视觉的前方道路车辆识别系统。该系统可以在车载情况下，通过摄像头识别前方道路的障碍车辆，并对识别结果进行预警。

第3章 基于模糊综合的驾驶信息采集与驾驶行为评价

本章介绍一种新的驾驶员评价模型。该模型通过对驾驶员的车辆、环境、驾驶因素进行客观评估，从而发现潜在的交通隐患。基于模糊评价算法和 BP 神经网络设计与实现车辆环境因素评估功能，基于跟驰模型模拟和仿真驾驶因素评估功能。模型中还包含驾驶员主观互评模块。本章对模型进行分析，通过误差统计以及仿真模拟等证明该模型的有效性。

3.1 驾驶行为模型分析

3.1.1 跟驰模型

车辆跟驰行为研究是对驾驶员行为研究的重要方面之一，也是交通仿真研究领域的基石。车辆跟驰模型已被研究了半个多世纪，1950 年鲁契尔和 1953 年派普斯对跟驰过程的研究，标志着跟驰理论解析方法研究的开始。之后，车辆跟驰模型的研究又经历了控制工程、感知和心理学几个阶段。

1. GM (general motor) 跟驰模型

20 世纪 50 年代后期和 60 年代早期，Chandler 等[45]研究的 GM 模型是最为著名的模型之一，其表达式为

$$a_{n+1}(t+T) = cv_{n+1}^{m}(t+T)\frac{\Delta v(t)}{\Delta x^{l}(t)} \tag{3-1}$$

其中，$a_{n+1}(t+T)$ 为 $t+T$ 时刻第 $n+1$ 辆车的加速度；$v_{n+1}(t+T)$ 为 $t+T$ 时刻第 $n+1$ 辆车的速度；T 为反应时间；$\Delta v(t)$ 为 t 时刻第 n 辆车与第 $n+1$ 辆车的速度差；$\Delta x(t)$ 为 t 时刻第 n 辆车与第 $n+1$ 辆车的距离；c、m、l 为常数。

GM 跟驰模型形式比较简单，物理意义比较明确，作为跟驰模型研究的早期工作具有开创意义，并且许多后期的跟驰理论研究都源于其建立的刺激-反应的基本方程。但其在标定 m 和 l 的过程中存在大量的矛盾，所以现在较少直接使用该模型。

2. 线性跟驰模型

Helly[50]对线性跟驰模型发展做出了重要贡献。他所提出的新线性跟驰模型考虑了前方 2 辆车制动减速对后车加速度的影响。

模型表达如式(3-2)和式(3-3)所示。

$$a = 0.5\Delta v(t-0.5) + 0.125(\Delta x(t-0.5) - D_n(t)) \tag{3-2}$$

$$D_n(T) = 20 + v(t-0.5) \tag{3-3}$$

目前，该模型仍然大量应用在实践中。虽然线性跟驰模型和 GM 模型一样都存在通用性差的弊端，但相对于 GM 模型来说，考虑到前后车的速度差，线性跟驰模型在标定上更加趋于合理。

3. 生理-心理跟驰模型

生理-心理跟驰模型也称反应点模型(action point models，AP 模型)。该模型是将刺激抽象为前后车之间的相对运动，包括速度差和距离差的变化。这类模型用一系列阈值和期望距离体现人的感觉和反应，这些界限值划定了不同的值域，并且在不同的值域，后车与前车存在不同的影响关系。生理-心理跟驰模型是一种跟驰决策模型。

Michaels[46]通过分析驾驶员生理和心理的一些潜在因素，首次提出生理-心理跟驰模型的理念：驾驶员通过分析视野中前车尺寸大小的改变，即前车在驾驶员视觉中投影夹角的变化，感知前后车相对速度的变化，根据公认感知阈值 $\mathrm{d}/\mathrm{d}t(\Delta v/\Delta x^2)$ 约为 6×10^{-4} 判断是否正在与前车接近，一旦超过这个阈值，驾驶员应选择减速，使对相对速度的感知不超过这个阈值。是否能够感知到前车的变化是后车驾驶员进行操作的基础。

该模型的集成系统可以合理地仿真驾驶员的驾驶行为，但有效性较难进行量化评价。因为其能描述大多数的驾驶行为，所以这种模型及其衍生的各种模型大量应用于实践中。

4. 基于模糊推理的跟驰模型

该模型主要通过推理驾驶员未来的逻辑阶段来研究驾驶员的驾驶行为。Kikuchi 等[47]用模糊推理方法来研究跟驰模型的初衷是模糊化传统 GM 模型中的 Δx、Δv 和 a_{n-1}，模糊推理模型的具体表达为

$$\begin{aligned} &\text{IF } \Delta x = \text{'ADEQUATE'} \\ &\text{THEN } a_{nj} = (\Delta v_i + a_{n-1,i} xT)/\gamma \end{aligned} \tag{3-4}$$

其中，T 为反应时间，取 1s；后车驾驶员希望在 γ 时间内能够跟上前车，γ 取 2.5s。

5. 安全距离跟驰模型

安全距离模型也称防追尾模型(collision avoidance models，CA 模型)，该模型最初由 Kometani 等[48]提出，最基本的关系并非 GM 模型所倡导的刺激-反应关系，而是寻找一个特定的跟车距离(通过经典牛顿运动定理推导出)。最初模型为

$$\Delta x(t-T)=\alpha v_{n-1}^{2}(t-T)+\beta_1 v_n^2(t)+\beta v_n(t)+b_0 \tag{3-5}$$

其中，α、β、β_1、b_0 为系数。

Gipps [49]对此模型的研究考虑了几个先前忽略的次要因素，提出了改进的 CA 模型，其被广泛地应用于计算机仿真中。

3.1.2 行驶轨迹模型

1. 晃动模型

中心偏离用于表示驾驶员驾驶汽车与道路中央的偏离程度，分为横向小幅度晃动、横向中幅度晃动和横向大幅度晃动三类[50]。此三类晃动可以直接影响位移曲线。产生的原因主要有障碍物影响、车辆故障及驾驶员注意力不集中等。其中导致驾驶员注意力不集中的主要原因是驾驶员精神状态不佳，疲劳驾驶。因此，系统在检测到驾驶员连续驾驶 2h 后提升危险评价等级和危险实时提示的频率。

2. 换道模型

车道变换分为被动换道和主动换道[3-13]。换道曲线在被动换道时产生并且不是很频繁，系统给予正面评价；在无换道需求时，产生或者频繁产生换道曲线系统发出实时提示并给予危险甚至极度危险的评价。

3.2 模糊综合评价法

模糊综合评价法是一种基于模糊数学的综合评标方法。该综合评价法根据模糊数学的隶属度理论把定性评价转化为定量评价，即用模糊数学对受到多种因素制约的事物或对象做出一个总体的评价。它具有结果清晰、系统性强的特点，能较好地解决模糊的、难以量化的问题，适合各种非确定性问题的解决。

模糊综合评价法的优点体现在相互比较和函数关系两方面。相互比较方面，该方法以最优的评价因素值为基准，即其评价值满分为 1；其余欠优的评价因素

依据欠优的程度得到相应的评价值。函数关系方面，该方法可以依据各类评价因素的特征，确定评价值与评价因素值之间的函数关系(隶属度函数)。确定这种函数关系有很多种方法，如 F 统计方法、各类型 F 分布等，也可以请有经验的评标专家进行人工评价，给出评价值。

3.3　BP 神经网络

BP 网络于 1986 年由 Rumelhart 和 McCelland 提出，是一种按误差逆传播算法训练的多层前馈网络，是目前应用广泛的神经网络模型之一。BP 网络能学习和存储大量的输入-输出模式映射关系，而无须事前揭示描述这种映射关系的数学方程。它的学习规则是使用最速下降法(梯度下降法)，通过反向传播来不断调整网络的权值和阈值，使网络的误差平方和最小。BP 神经网络模型拓扑结构包括输入层(input layer)、隐层(hide layer)和输出层(output layer)。

3.4　车辆及道路因素

车辆因素细分为制动系统、转向系统、行驶系统和电气系统四个方面。本书为了描述系统的完整性，进行必要的交代但不详细展开。例如，制动系统中的制动管路压力、转向系统中的转向助力、行驶系统中的轮胎压力和电气系统中的照明系统等，均不适合直接以视频信息方式进行数据采集。道路因素是本书研究的重点，其包括光线、天气、道路等子因素。驾驶时的光照因素的确会对驾驶员产生一定影响，例如，一些路段的灯光基础设施建设不足，驾驶员心理上普遍认为在这些路段夜间行车会更危险。天气因素包括雨雪等天气原因导致的路面湿滑等情况。道路因素主要包括路面情况，如道路是否足够平坦等。

3.5　驾驶员综合评价系统分析与设计

本节运用模糊数学方法，通过车载自组网络引入相邻驾驶员及行人的评价，建立了一个驾驶员综合评价系统，系统可以对驾驶员心理及精神状态等实时地反馈与提示，驾驶过程中的邻车及行人也可以对本车驾驶员进行评价。有助于驾驶员及时纠正错误，排除隐患。该模型是安全辅助驾驶系统的重要组成部分。最后进行了系统的安全设计，通过身份认证以避免假冒及恶意评价。

在辅助驾驶系统的研究中，把系统分为驾驶员模型、汽车安全模型与环境安全模型。把驾驶员模型作为重要的研究模型之一，原因是希望最大限度地体现“以人为本”，尽最大可能为驾驶员提供各方面的反馈信息，包括系统本身及驾驶过程的被动参与者(邻车与行人)。

定义 3-1　邻车。邻车定义为在行驶过程中某时段 T 处于邻域内(S 前、后<60m，T>5s)的车辆。

定义 3-2　行人。行人定义为行走轨迹与本车行驶轨迹有交集或者在本车行驶过程中某时段 T 处于邻域内(S 前、后<60m，T>5s)的人。从驾驶员角度展开描述，行人包括在道路上或道路附近，静止或相对低速移动但对驾驶车辆安全行驶可能产生影响的人，其形态主要以人的步态为主，也包括其他在道路中可能出现的形态，包括打雨伞的人、低速车辆(自行车、电动车、三轮车等)，如图 3-1 所示。

图 3-1　行人定义

定义 3-3　FOLLOWINGNET(跟随网络)。部署该系统的车辆根据 GPS 及 3G、Wi-Fi 等信息自动组建或加入 FOLLOWINGNET，兼容车联网 VARNET(802.11p)标准。

如图 3-2 所示，辅助驾驶系统包括单目摄像头、GPS、车载计算机、辅助驾驶系统软件与 FOLLOWINGNET。系统软件设计为 P2P 模式。跟随车辆可以实时获得被跟随车辆(前车)信息。通过跟随网络，驾驶员之间可以为对方驾驶操作给出实时语音提示。车载计算机是系统软件载体，完成各信号的处理分析，利用模糊评价法给出驾驶员状态结果的量化信息。

建立本评价模型的目的是在有限的软硬件条件下为辅助驾驶系统提供更完备的信息。辅助驾驶系统基于单目视频，原始信息包括 GPS 定位、GPS 车速、单目视频、前车信息等，处理后信息包括车道信息、障碍物信息预警等。以上信息(包括通过网络获得的邻车反馈)都可以作为驾驶员模型的实时信息源。邻车驾驶员反馈与行人反馈可以作为非实时信息源。

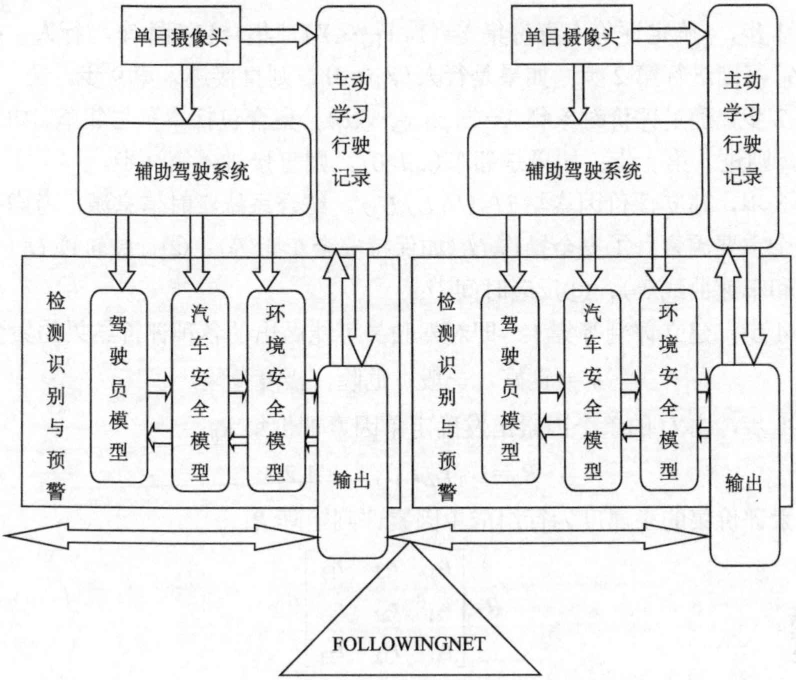

图 3-2　驾驶员模型与辅助驾驶系统的关系

3.5.1　基于模糊综合评价的驾驶员模型

基于模糊综合评价的驾驶员评价算法如图 3-3 所示，在文献[3]基础上加入了协同评价，即包括系统实时评价与邻车评价、行人评价等。具体过程归纳如图 3-3 所示。

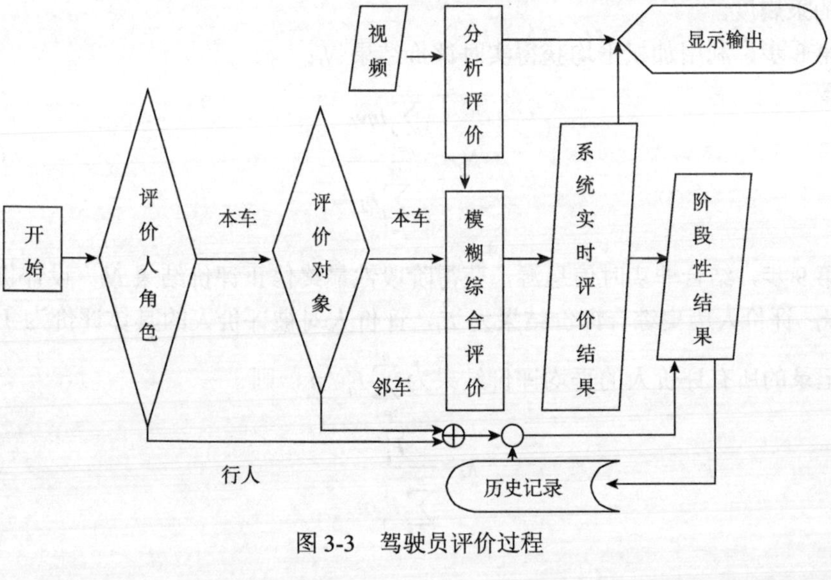

图 3-3　驾驶员评价过程

第 1 步， 确定评价人身份集 $Y=(Y_0,Y_1,\cdots,Y_i)$，集合包括本车与行人。如果是本车(Y_0)，则进行第 2 步；如果是行人($Y_i,i>0$)，则直接进入第 9 步。

第 2 步，确定评价对象集 $X=(x_0,x_1,x_2,\cdots,x_t)$，集合包括本车与邻车。如果是本车($x_0$)，则进入第 3 步；如果是邻车($x_i,i>0$)，则直接进入第 9 步。

第 3 步，建立评价因素集 $U=(U_1,U_2,U_3)$。结合系统实时信息源，考虑并筛选其中 3 个重要因素：①安全操作 U_1(如保持安全车距等)；②行驶轨迹 U_2(包括位移曲线和车速曲线等)；③反应时间 U_3。

第 4 步，建立评判等集 V，即对驾驶员可能做出的各种评价结果的集合：

V=(良好，一般，危险，极度危险)

第 5 步，由 U 的单个因素出发确定单因素评价集 R_{ij}:

$$R_{ij}=(r_{i1},r_{i2},r_{i3}),\quad j=1,2,3 \tag{3-6}$$

以单因素评价集的隶属度为行组成单因素评判矩阵 $\boldsymbol{R}$:

$$\boldsymbol{R}=\begin{bmatrix} r_{11} & r_{12} & r_{13} \\ r_{21} & r_{22} & r_{23} \\ r_{31} & r_{32} & r_{33} \end{bmatrix} \tag{3-7}$$

第 6 步，确定权数向量，组成权重集 A:

$$A=(a_1,a_2,a_3),\quad \sum a_i=1 \tag{3-8}$$

第 7 步，确定模糊综合评价集 B:

$$B=A\times R=(b_1,b_2,b_3) \tag{3-9}$$

其中，b 为模糊评价指标，表示在所有评价因素共同影响下，评价对象对评价等级 v_j 的隶属度。

第 8 步，利用加权平均获得实时评价结果 N_r:

$$N_r=\frac{\sum_{j=1}^{M} b_j v_j}{\sum_{j=1}^{M} b_j} \tag{3-10}$$

第 9 步，结合非实时信息源，获得阶段性最终修正评价结果 N_i。设评价人权重为 k_i, 评价人历史综合评价结果为 F_i，评价人对被评价人的具体评价为 V_i，数据库记录的所有评价人的平均评价结果为 $\sum_{i=1}^{n} F_i / n$，则

$$k_i=\frac{F_i}{\sum_{i=1}^{n} F_i/n} \tag{3-11}$$

第10步，阶段性最终修正评价结果计入历史综合评价结果 F：

$$F=N=(k_iV_i+N_r)/(1+k_i) \tag{3-12}$$

3 5.2 各因素及权重的确定方法研究

1. 安全操作描述系统定义的安全操作

(1) 文献[2]得到简化跟驰模型：

$$a=0.5\Delta V(t-0.5)+0.125(\Delta x(t-0.5)-D_n(t)) \tag{3-13}$$

$$D_n(T)=20+v(t-0.5) \tag{3-14}$$

其中，a 为加速度；ΔV 为与前车的速度差；Δx 为与前车的距离；D 为期望跟车距离。

(2) 由文献[5]，感知阈值 $\mathrm{d}/\mathrm{d}t(\Delta v/\Delta x^2)\approx 6\times10^{-4}$ 判断是否正与前车接近，一旦超过这个阈值，驾驶员应该选择减速，使相对速度的感知不超过这个阈值。

2. 反应时间

在文献[5]～[7]的模型中，驾驶员反应时间大多数都按驾驶员平均反应时间处理，例如，在可预知障碍物的情况下，驾驶员平均反应时间为0.54s；不可预知障碍物情况下，驾驶员平均反应时间为 1.31s，经验不足的新手则达到 1.3～2.9s。驾驶员对汽车的平均控制时间为0.2～0.3s。

在本系统中，只通过单目视频信息获得精确的驾驶员反应时间的结果比较困难。因此，先考虑简化的特殊场景，在跟随前车过程中，系统视频检测到前车由静止启动即开始计时，本车启动计时结束，得到 T_r。平均制动时间下限为 0.2s，驾驶员最大反应时间 $T_{max}=T_r-0.2$，以 T_{max} 作为驾驶员反应时间的替代，导入模糊评价模型。

3. 权重的确定

引入层次分析方法（AHP）的九分位比例标度，构成判断矩阵 $\boldsymbol{B}$。矩阵 $\boldsymbol{B}$ 中各元素 b_{ij} 表示横行指标 C_i 对各列指标 C_j 的相对重要程度的两两比较值。b_{ij} 表示甲指标与乙指标相比的重要性，如表3-1的标度。

表3-1 判断矩阵标度及含义

序号	重要性等级	评价值
1	i,j 同等重要	1
2	i 比 j 稍重要	3
3	i 比 j 明显重要	5

续表

序号	重要性等级	评价值
4	i 比 j 强烈重要	7
5	i 比 j 极端重要	9
6	i 比 j 稍不重要	1/3
7	i 比 j 明显不重要	1/5
8	i 比 j 强烈不重要	1/7
9	i 比 j 极端不重要	1/9

在本章中评价因素由安全操作(U_1)、行驶轨迹（U_2)、反应时间(U_3)组成，使用 AHP 方法构成判断矩阵 **B**，如表 3-2 所示。

表 3-2 判断矩阵 *B*

因素	U_1	U_2	U_3
U_1	1	1/3	1/5
U_2	3	1	1/3
U_3	5	3	1

记为

$$\begin{pmatrix} 1 & 1/3 & 1/5 \\ 3 & 1 & 1/3 \\ 5 & 3 & 1 \end{pmatrix} \tag{3-15}$$

计算各指标权重系数的计算步骤如下。

第 1 步，计算 B 的每一行元素的积 M_i，得到

$$M_1=1\times1/3\times1/5=0.0667$$

$$M_2=3\times1\times1/3=1$$

$$M_3=5\times3\times1=15$$

第 2 步，M_i 开 n 次方：$\bar{W}_i=\sqrt[n]{M_i}, i=1,2,3,\cdots,n$，$n$ 为矩阵阶数。得到

$$\bar{W}_1=0.4055$$

$$\bar{W}_2=1$$

$$\bar{W}_3=2.4662$$

第 3 步，归一化各指标矢量

$$W_i = \frac{\overline{W_i}}{\sum_{j-1}^{n} \overline{W_j}} \tag{3-16}$$

得到

$$W_1 = 0.1047$$
$$W_2 = 0.2583$$
$$W_3 = 0.6370$$

即本模型第6步的权重结果

$$A=(0.1047,0.2583,0.6370)$$

3.5.3　评价系统的安全设计

为了防止驾驶员假冒及伪装成批量行人或驾驶员对特定驾驶员实施恶意评价，系统设计了必要的安全防范措施。重要的一个环节就是进行身份认证。身份认证使用的是基于MD5的算法。

首先，驾驶员完成系统注册时，账号对应的密码经过MD5算法处理得到MD5码，系统把此密码与账号发送给服务器进行注册，这样避免了远程数据库的信息明文存储的安全风险，同时避免了数据传输过程中被窃听的风险。

其次，15位国际移动设备识别码IMEI（International Mobile Equipment Identity）与48位Wi-Fi物理地址作为用户的验证信息数字标识，同一个用户可以同时匹配一个IMEI和一个物理地址，即允许同时多路同传，但是同一个IMEI或同一个物理地址不能同时匹配多个用户，即不允许在一个移动终端同时注册和使用多个用户，以避免恶意注册和恶意评价，但允许不同的用户在不同的时间段使用同一个移动终端，目的是在保证公平的前提下尽可能地方便用户。

最后，因为系统设计基于前置摄像头采集的单目视频，所以一辆汽车匹配一路视频。这样，如果用户在使用该系统时以不同用户的身份开启多个移动终端视频，只能有一个移动终端对应驾驶员身份，其他为非驾驶员身份，并且在评价系统中不授权评价。识别身份采用基于GPS定位、视频判断与用户确认的方法。当系统通过GPS信息获得一组相同的位移信息的移动终端时，再根据是否开启视频判断有效用户，若视频都处于开启状态，则需要用户确认。

3.5.4　评价算法讨论与仿真

$N_i=(k_iV_i+N_r)/(1+k_i)$，进一步整理为$N_i=V_i+(N_r-V_i)/(1+k_i)$，可以看出，当评价人自身权重$k_i$趋于0时，被评价人阶段性评价结果$N_i$趋近于实时评价结果

N_r，当评价人自身权重 k_i 逐渐增大时，被评价人阶段性评价结果 N 趋近于评价人的评价 V_i。仿真界面如图 3-4 所示。

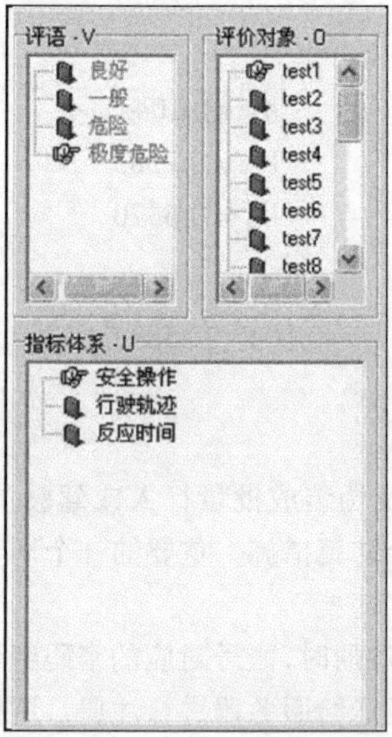

图 3-4　仿真界面

邻车驾驶员及行人对本车的评价引入驾驶员评价模型是一种新的尝试，目的是使驾驶员获得更多的反馈信息以修正自己的错误。

3.6　基于车辆、环境、驾驶因素的驾驶评价模型优化设计

在本节中该模型被细分为驾驶员实时评估和车辆驾驶员互评部分两大模块。

驾驶员实时评估部分根据实时反馈的信息对客观的驾驶条件以及驾驶员的人为驾驶进行即时评估，达到给驾驶员提供一个全面的即时信息反馈的作用，从而辅助驾驶员对驾驶条件以及驾驶状况进行判断。该部分设计希望通过帮助驾驶员分析实时的驾驶情况，减少或预防交通事故的发生。其中包括驾驶条件因素和即时驾驶状况因素等主要因素。

车辆驾驶员互评部分通过驾驶员之间的互相评测，对系统内的车辆进行客观、公正的打分。通过此系统设计，可以更为详尽地了解其他驾驶员对某位驾驶员的主观感觉和评价，从而可以筛选出评价良好和评价不良的车辆驾驶员对象，为相关部门能及时进行相应的激励反馈（如奖励惩罚措施等），提供外部感受方面

的数据支持。优化模型的框架设计如图 3-5 所示。

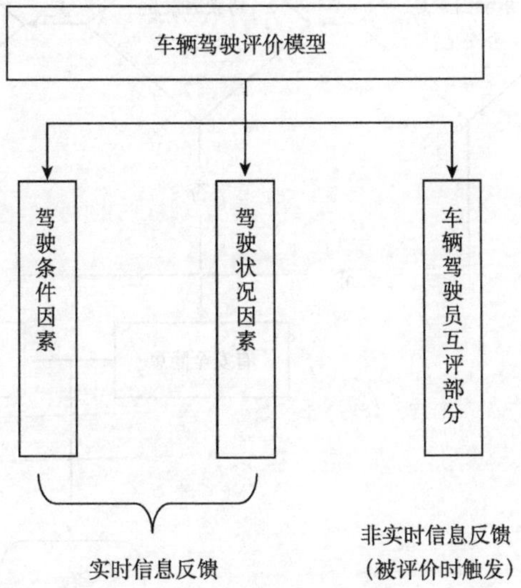

图 3-5　优化模型的框架设计

3.6.1　评价模型参考因素分析

首先要对驾驶过程中充分参与的因素进行考量，结果如图 3-6 所示。

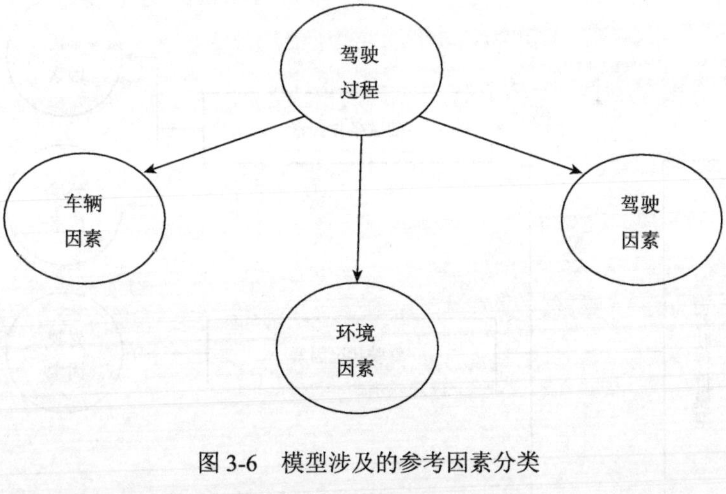

图 3-6　模型涉及的参考因素分类

车辆、环境及驾驶等对驾驶过程有影响的因素中，任何环节的不足都会对驾驶安全造成相应的影响，模型因素判别流程图如图 3-7 所示。

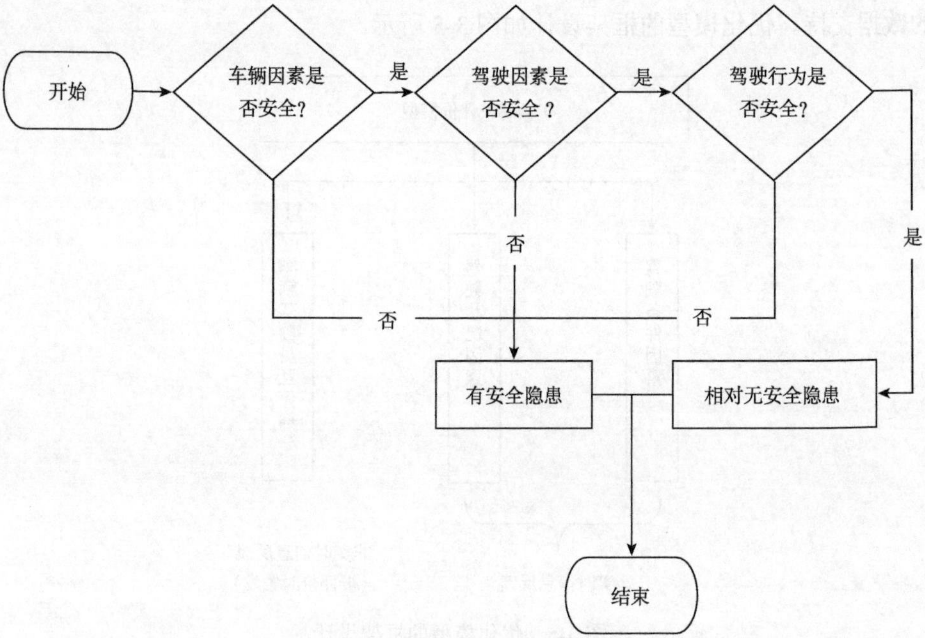

图 3-7 模型因素判别流程图

通过以上分析可以看出，车辆因素、环境因素以及驾驶因素是在模型的设计中应当着重考虑的问题。结合总体设计，本模型包含上述参考因素的各项设计如图 3-8 所示。

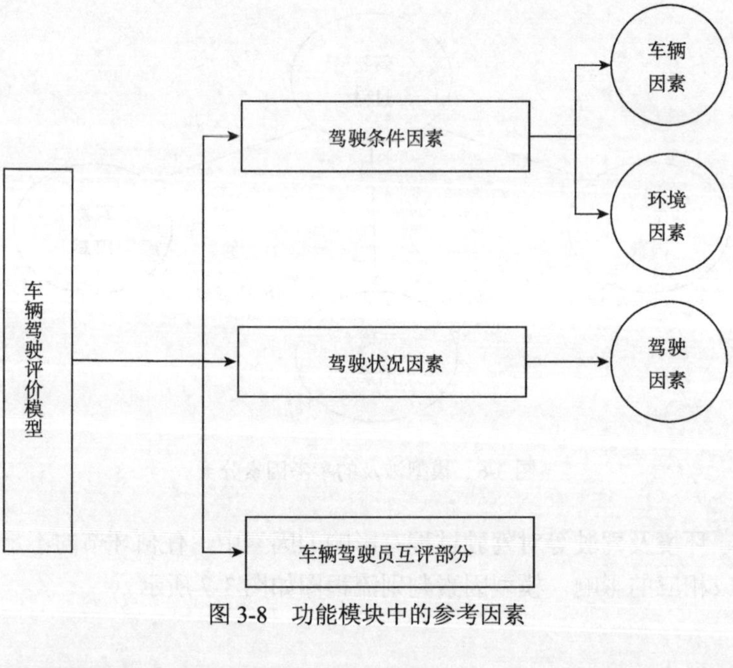

图 3-8 功能模块中的参考因素

1. 驾驶条件因素分析

驾驶条件因素应当考虑到足够的客观因素，因为这些客观因素都会对驾驶员的驾驶产生相应的影响。一般而言，驾驶条件因素主要包括如下因素。

1) 车辆因素

在驾驶过程中，首先要考虑的一个问题是车辆因素的问题。车辆的每一个系统乃至细节的问题都可能成为驾驶过程中的交通安全隐患。在车辆因素中，主要考虑如下几个方面。

(1) 制动系统，如制动管路压力。

(2) 转向系统，如转向助力。

(3) 行驶系统，如轮胎压力。

(4) 电气系统，如照明系统。

2) 环境因素

除车辆因素以外，模型中还要考虑环境因素。无论天气、光线，还是道路状况，都可能会对驾驶员的驾驶产生一些负面的影响，因此这些因素也应当纳入模型的考虑范围内，主要包括：

(1) 光线，即驾驶时的光照因素。

(2) 天气，如雨雪等天气原因导致的路面湿滑。

(3) 道路，如道路是否足够平坦等。

2. 驾驶状况因素分析

在该因素的设计方面，主要考虑的是驾驶员的驾驶因素。在实际的交通事故中，事故的原因可以分为很多种。但是，事故的结果主要是发生两车相撞。因此，结合实际经验来看跟驰模型应该是一个可以胜任该因素评估的模型。无论前车行驶情况、速度如何，只要后车保持在一个相对安全的跟车情况下，驾驶员的正常驾驶就不会导致交通事故——两车相撞情况的产生。该模型的设计是要对驾驶因素，也就是跟驰模型的各个变量予以充分的考量。在参阅了相关文献资料后，把应当考虑的因素主要有如下几点。

(1) 前车速度。需要通过获取前车速度来估计前车的运动状况，从而推算出在前车发生紧急情况下所需要的大致停车距离。

(2) 后车速度。同前车速度，此处需要通过获取后车速度来估计后车的运动状况，从而推算出在后车发生紧急情况下所需要的大致停车距离。

(3) 制动时间。该因素主要用于衡量后车驾驶员在跟车过程中，当前车发生突然状况时，后车采取相应措施的反应时间。

(4)制动加速度。通过对该因素的研究，可以得知一辆车的制动加速度，这样就可以通过配合其他变量来计算紧急制动后的车辆从行驶到静止所需的制动距离。

(5)车距。对于车距的考察，通过对突发情况下前后车同时由运动减速到一定速度时所需距离的差值来判断前车与后车是否会发生交通事故。

3. 车辆驾驶员互评部分分析

模型中车辆驾驶员互评部分的设计主要是引入互评功能，即驾驶员可以对其他驾驶员的驾驶情况进行打分。具体而言，很多驾驶情况虽然没有发生交通事故，但是因为不正当的驾驶行为往往会给其他车辆带来行驶不便。更重要的是，这些不合适的驾驶行为恰恰是造成交通事故的严重隐患之一。有些不正当驾驶行为虽然没有引发交通事故，但是其中的一些危险驾驶行为会对道路交通安全状况产生不良影响。模型对于这些行为应该予以正当的评价，并将其纳入考虑因素。同时，对于已经引发交通事故的不正当驾驶行为，模型也能对相应的驾驶员进行评价。通过该互评模块，最终可以得到其他相关驾驶员对某个驾驶员的驾驶情况的评分，从而帮助人们更好地评价一位驾驶员的以往驾驶情况。该评价部分也可以帮助相关部门筛选出在公路上驾驶行为一贯比较好或差的驾驶员，从而方便有关部门及时对其采取必要的措施或者予以相应的奖惩等。

在评价部分的设计中，模型应当考虑的因素比较多，因其中要涉及两个不同的驾驶员之间的评价。在以往的评价系统中，无论评价的打分还是评价的权重都应当被纳入考虑当中。以往经验表明这种评价方法是相对科学客观的，然而在该系统中，由于每位驾驶员的主观判断不一致，在评价中还应当纳入更多的因素对评价人的评价予以考量。

在考虑权重、评价分数以及评价人主观因素后，便可以得到互评部分应当纳入考虑的因素以及变量应当包括的内容。评价人和被评价人分别描述如下。

1)评价人方面

(1)评价人对被评价人的打分，用来衡量评价人对被评价人的主观判断。

(2)评价人的本身评分，用于评价人的评价权重评定中。

(3)评价人的被评价次数，用于评价人的评价权重评定中。

2)被评价人方面

(1)被评价人的本身评分，评价人历史评价的结果，每次评价都会对其产生影响。

(2)被评价人的被评价次数，用来记录被评价人被评价的次数。

3.6.2　评价模型算法优化分析

模型中的各个模块以及参考因素中主要涉及的算法如图 3-9 所示。

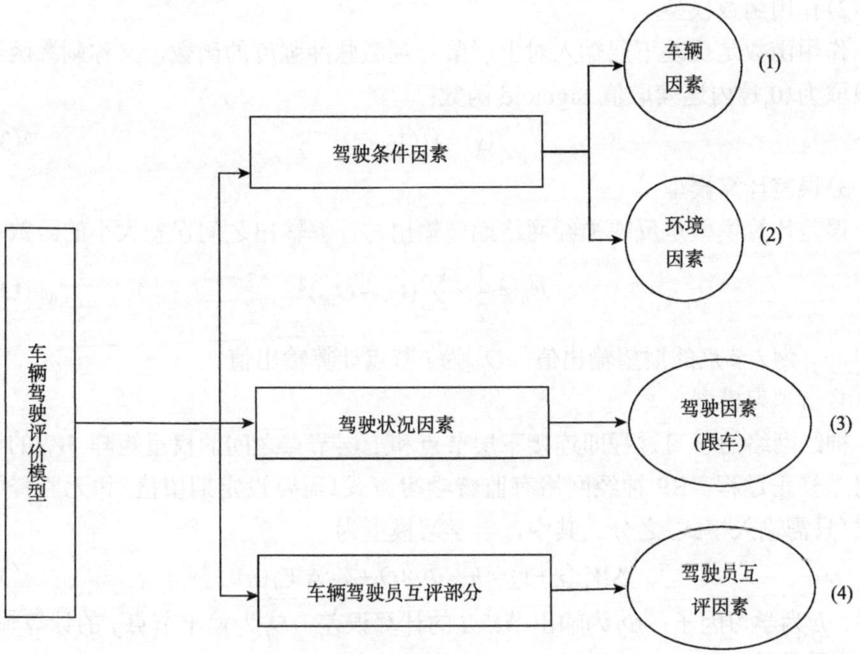

图 3-9　各个模块及因素涉及的算法

在图 3-9 中编号依次使用如下算法：

(1) 模糊综合评价算法。

(2) BP 神经网络。

(3) 跟驰模型算法。

(4) 评价算法。

1. 模糊综合评价算法

模糊综合评价算法在 3.1 节已经做了介绍，本节不再展开。

2. BP 神经网络

1) 节点输出模型

隐节点输出模型：

$$O_j=f(\sum W_{ij}\times X_i-q_j) \tag{3-17}$$

输出节点输出模型：

$$Y_k=f(\sum T_{jk}\times O_j-q_k) \tag{3-18}$$

其中，f为作用函数；q为神经单元阈值。

2) 作用函数模型

作用函数是反映下层输入对上层节点刺激脉冲强度的函数，又称刺激函数，一般取为(0,1)内连续取值 Sigmoid 函数：

$$f(x)=1/(1+e^{-x}) \tag{3-19}$$

3) 误差计算模型

误差计算模型是反映神经网络期望输出与计算输出之间误差大小的函数：

$$E_p=\frac{1}{2}\times\sum(t_{pi}-O_{pi})^2 \tag{3-20}$$

其中，t_{pi}为i节点的期望输出值；O_{pi}为i节点计算输出值。

4) 自学习模型

神经网络的学习过程即连接下层节点和上层节点之间的权重矩阵 $\boldsymbol{W}_{ij}$ 的设定和误差修正过程。BP 神经网络有监督学习方式(需要设定期望值)和无监督学习方式(只需输入模式)之分。其中，自学习模型为

$$\Delta W_{ij}(n+1)=h\times\Phi_i\times O_j+a\times\Delta W_{ij}(n) \tag{3-21}$$

其中，h为学习因子；Φ_i为输出节点i的计算误差；O_j为输出节点j的计算输出；a为动量因子。

3. 跟驰模型

该模型的驾驶状况因素评估采用了跟驰模型来进行仿真实现。此处的跟驰模型主要考虑前后车速度、两车实际距离以及制动时间。最终通过计算得出两车安全距离，把两车实际距离与安全距离进行比较得出相应判断。参见 3.1.1 节与 3.5.2 节。

3.6.3 车辆驾驶评价算法优化详细分析

车辆驾驶评价模型的驾驶员评价算法是在加权平均算法的基础上，对输入量、相关系数进行了较大调整，同时对函数的输出也采用更为复杂的函数进行仿真。下面介绍最基础的加权平均法。

加权平均法依据权重来给出平均数，广泛用于评价中(如加权平均分)。加权分数公式为

$$x = \sum_{i=1}^{n} e_i k_i \bigg/ \sum_{i=1}^{n} k_i \tag{3-22}$$

其中，e_i 为单项分值；k_i 为单项权值。

在本书中设计的是车辆驾驶评价模型，主要分为以下三个模块。

(1) 驾驶条件因素，分为车辆因素及环境因素。

(2) 驾驶状况因素，主要为驾驶因素(跟驰模型)。

(3) 车辆驾驶员互评部分，用于驾驶员互相评价。

1. 驾驶条件因素分析

采取模糊综合评价法把车辆因素及环境因素两部分通过模糊评价法来进行最终的评价，从而得到驾驶条件因素的总体得分。

1) 车辆因素

车辆因素包括制动系统、转向系统、行驶系统以及电气系统，这四个部分都是保证安全驾驶的重要条件。此处运用了模糊综合评价法。

2) 环境因素

与车辆因素不同的是，环境因素的重要性一般难以量化描述。环境因素最主要的一个特点是，因素复杂关联影响下会产生截然不同的效果。例如，车辆因自身有照明功能，所以光线不好不一定会导致危险发生。同理，在光线良好的雨天也不一定会发生危险。然而，如果光线不好的情况下又出现了雨雪天气，由于路面湿滑，外加雨雪等恶劣天气状况对光线本身的影响，则很有可能会对安全驾驶过程造成较大威胁。因此，复杂环境因素不太容易通过量化评估的手段进行单一的客观评价。为了解决这个问题，模型选用了 BP 神经网络通过一定量的数据来进行自主学习，从而达到对于综合因素的判断评估效果。

算法处理过程如下所述。

(1) 通过模糊综合评价法来对制动系统、转向系统、行驶系统以及电气系统进行考量，从而得出对于这四个部分的综合评价，传递至车辆因素部分。

(2) 由于环境因素本身的参考条件之间可能会相互影响，产生非线性或难以量化的结果，所以通过 BP 神经网络来对光线、天气、道路等因素进行考量，从而得出对于这几个因素的综合评价，传递至环境因素部分。

(3) 通过模糊综合评价法来对量化过后的车辆因素和环境因素进行考量，从而得出对于这两个因素的综合评价，传递至驾驶条件因素部分。

2. 驾驶状况因素分析

模型主要应用的是跟驰模型，应用的变量如下。

(1) 前车速度 v_0。需要通过获取前车速度来估计前车的运动状况，推算出在前车发生紧急情况下所需要的大致停车距离。

(2) 后车速度 v_1。与前车速度同理，此处需要通过获取后车速度来估计后车的运动状况，推算出在后车发生紧急情况下所需要的大致停车距离。

(3) 制动时间 t。该因素主要用于衡量后车驾驶员在跟车过程中，当前车发生突然状况时，后车予以相应措施的反应时间。

(4) 制动加速度 a。通过对该因素的研究，可以得知一辆车的制动加速度，这样就可以通过配合其他变量来计算紧急制动后的车辆从行驶到静止所需的制动距离。

(5) 车距 S。对于车距的考察，跟弛模型可以通过对突发情况下前后车由运动减速到一定速度所需距离的差值，判断前车与后车是否会发生交通事故。

在获取 (1) ～ (5) 这些变量的基础上，跟弛模型可以对实际车距与通过计算得到的安全距离进行比较，从而判定两车在跟车状态下是否安全。

算法处理过程如下所述。

(1) 通过前车速度 v_0、后车速度 v_1、制动加速度 a 及驾驶员反应时间 t 计算出安全车距 S_0，与实际车距 S 进行比较。如果 S 小于安全车距 S_0，则该跟车过程存在安全隐患。

(2) 通过跟驰模型的评价，将结果传递至驾驶状况因素。

3.6.4 车辆驾驶员互评部分分析

车辆驾驶员互评部分的主要改进思想是引入并应用改进后的加权平均算法。经过本书中提到的一些基本假设之后发现，传统的加权平均算法并不能满足该模型的需求。例如，在评价过程中，除了要考虑评价人本身的评分之外，评价人自身的权重如何确定就是一个问题。假如不考虑权重，该算法的评价可能会有失公正。在这里，可以考虑一个比较极端的情形，假如有一个被评价分值很低的驾驶员与一个被评价分值很高的驾驶员对一个被评价者进行评分，那么他们所给出的评分的中肯度应当是不一样的。同样的道理，一个被评价次数很高的经验丰富的驾驶员与一个被评价次数很低的驾驶员对一个被评价者所进行的评价效果也是不相同的。那么，在这里应当对于评价人的被评价分数及被评价次数计入权重的计算中。

除此之外，在车辆驾驶员互评部分中，也不应当过于简单地计算高被评价分数及高被评价次数的评价人给其他驾驶员的打分。一个极端情况是某位被评价次数很低的采用该模型不久的驾驶员，在行驶过程中由于一次驾驶失误，被一位被评价分数很高以及被评价次数很高的评价人给了一个不好的评分。如果该互评模型是过于简单的加权平均算法，那么也许该被评价人的评价分数就会由于一次偶然的失误被拉到很低，从而导致以后的驾驶评分需要很久才能恢复至本身的正常值，可认为这种评价方法也是不公平的。

由此可见，在车辆驾驶员互评部分的设计中不仅要考虑到权威的评价人的评价意见，给出相对高的影响值之外，还应该在算法中进行不断的改进与尝试，从而找到一种合适的数学算法来保证被评价人的驾驶分数评价不被过于夸张受影响。

算法处理过程如下所述：

(1) 通过改进的加权算法来综合被评价人信息及评价人信息，从而在互评部分得出相应评价结果。

(2) 把驾驶员互评部分的结果反馈到车辆互评部分的模块中。

3.6.5 车辆驾驶评价模型中的算法应用优化研究

1. 驾驶条件因素的算法优化

驾驶条件因素的评价模块应用的是模糊评价算法以及 BP 神经网络，下面将进行详细的说明。

1) 模糊综合评价

模糊综合评价算法的建立可以通过如下步骤实现。

第 1 步，建立因素集。将因素集 $U=\{U_1,U_2,\cdots,U_n\}$ 分为第一级因素集 U 和第二级因素集 U_i。在本例中，第一级因素为 $U=\{U_1,U_2\}$，其中 U 为驾驶条件因素，U_1 为车辆因素，U_2 为客观因素。以此类推，第二级因素应当包含 $U_1=\{U_{11},U_{12},U_{13},U_{14}\}$，$U_2$，其中 U_{11}、U_{12}、U_{13}、U_{14} 分别为制动系统、转向系统、行驶系统及电气系统的评分。U_2 部分由于环境因素较为复杂，所以 U_2 下的条件通过 BP 神经网络给出归一化的评价，从而应用在最终的计算中。

第 2 步，建立权重集。对应上面的因素集，建立好相应的权重集，其中应当包含第一级权重集 $V=\{V_1,V_2\}$ 以及第二级权重集 $V_1=\{V_{11},V_{12},V_{13},V_{14}\}$。使用专家分析法和历史经验法来确定各级权重。

算法的考虑原因如下。

(1) 通过模糊综合评价法来对制动系统、转向系统、行驶系统及电气系统进行考量，从而得出一个对于这四个部分的综合评价，传递至车辆因素部分。

(2) 由于环境因素本身的参考条件之间可能会相互影响产生非线性或难以量化的结果，所以通过 BP 神经网络来对光线、天气、道路等因素进行考量，从而得出一个对于这几个因素的综合评价，传递至环境因素部分。

(3)通过模糊综合评价法来对量化过后的车辆因素以及环境因素进行考量，从而得出一个对于这两个因素的综合评价，传递至驾驶条件因素部分。

$U=\{U_1,U_2\}$的相应权重集 $V=\{0.45,0.55\}$；

$U_1=\{U_{11},U_{12},U_{13},U_{14}\}$的相应权重集 $V_1=\{0.35,0.35,0.2,0.1\}$；

模型计算时，从底层向高层计算。首先对每辆车不同的制动系统、转向系统、行驶系统及电气系统评分，$S_1=\{S_{11},S_{12},S_{13},S_{14}\}$；然后根据权重集 V_1，使用 V_1S_1 得到 U_1 的评价值 E_1。

U_2 部分也会由 BP 神经网络算法得到相应的评分 E_2。

在拥有了 E_1 和 E_2 两个值后，可以把它们用于因素 U 的评分计算中，U 的评分 $S=\{E_1,E_2\}$，然后通过 VS 可以得到 U 的最终评价分数 E。

2)BP 神经网络

由于要考虑的环境因素比较复杂，且各个因素之间也会相互影响，所以运用BP 神经网络来相应解决。

在应用神经网络之前，首先需要找到一个合适的训练集来对神经网络进行相应的训练，经由神经网络的自主学习，最终达到让神经网络对新的环境因素进行综合评价的目的。应用调查问卷的方式确定训练集，通过对 20 名驾驶员的调查，随机生成环境信息，然后对 200 种随机生成的环境情况进行打分以及评估，最后用问卷的环境信息和被调查者的评价结果来作为模型的训练集。在训练中，中间节点数为 20，设置训练显示间隔次数为 100，最大训练循环次数为 5000，学习精度为 0.0001，学习系数为 0.05。

在训练后，运用训练好的 BP 神经网络对原数据进行仿真，结果如图 3-10 所示。

图 3-10 中横坐标为样本点数，纵坐标为仿真评分分值，圆圈为原结果，线为训练后实际仿真结果。由图 3-10 可大致看出，该 BP 神经网络的仿真误差较小。

图 3-11 是各个样本点之间绝对误差值的比较，横坐标为样本点数，纵坐标为绝对误差比例。此处的绝对误差由实际结果减去仿真结果的绝对值计算得出。

图 3-12 是各个样本点所对应的相对误差，横坐标为样本点数，纵坐标为相对误差比例。相对误差由绝对误差除以训练集结果得出。通过图 3-12 可以看出，200 个仿真结果中，仿真值与实际值的相对误差基本都在 0.05 以内。

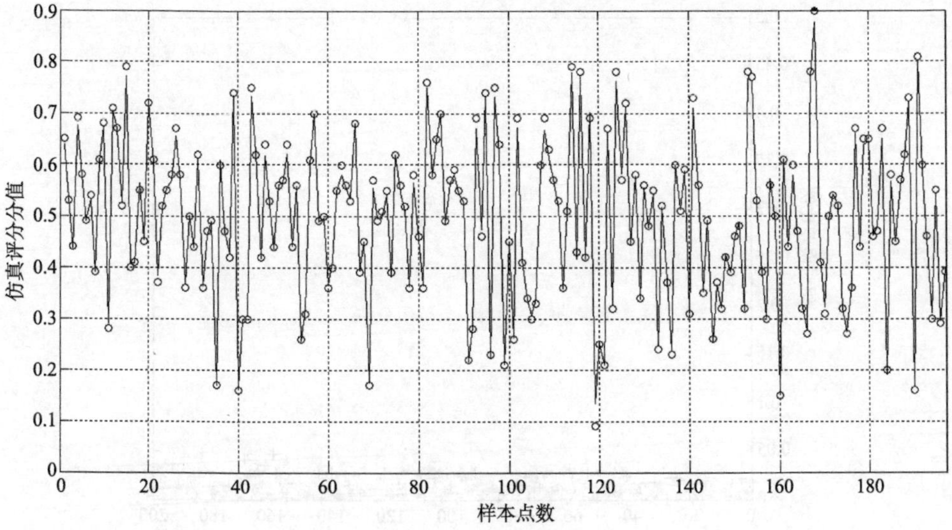

图 3-10　训练结果

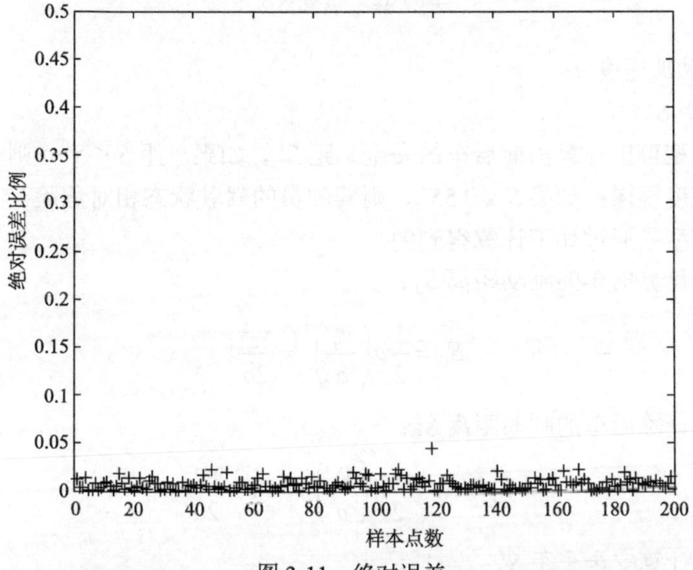

图 3-11　绝对误差

2. 驾驶状况因素的算法优化

跟驰模型的主要变量有：

(1) 前车速度 V_0；

(2) 后车速度 V_1；

(3) 制动时间 t；

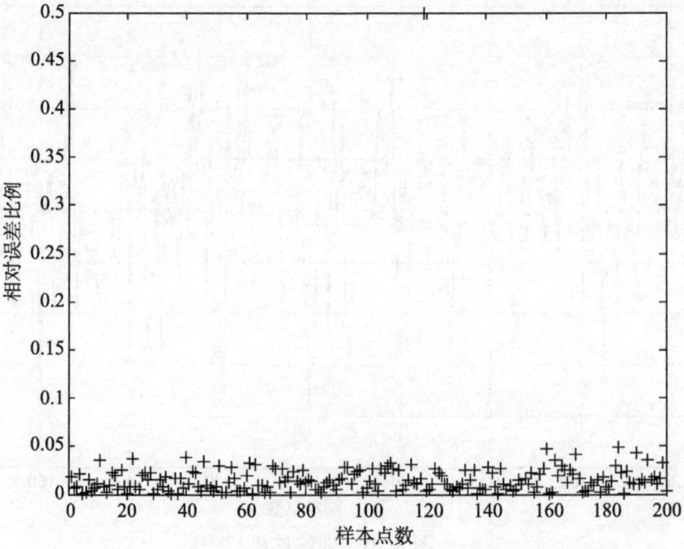

图 3-12　相对误差

(4) 制动加速度 a；

(5) 车距 S。

跟驰模型可以计算出前后车的安全车距 S'，如果车距 $S \leqslant S'$，则车辆驾驶员应当保持高度警惕；如果 $S \leqslant 0.5S'$，则驾驶员的驾驶状态相对危险。

跟驰模型是通过如下计算得到的。

首先，计算前车的制动距离 S_0：

$$S_0 = \frac{1}{2}a\left(\frac{v_0}{a}\right)^2 = \frac{{v_0}^2}{2a} \tag{3-23}$$

其次，计算后车的制动距离 S_1：

$$S_1 = v_1 t + \frac{1}{2}a\left(\frac{v_1}{a}\right)^2 = v_1 t + \frac{{v_1}^2}{2a} \tag{3-24}$$

最后，计算安全车距 S'：

$$S' = S_1 - S_0 = v_1 t + \frac{{v_1}^2 - {v_0}^2}{2a} \tag{3-25}$$

安全距离 S' 指的是前车在遇到突发情况突然刹车到车辆静止时的安全距离。然而这样极端的情况毕竟是极小概率事件。因此，在相应的评判标准中，把 $S \leqslant 0.5S'$ 评判为极度危险，而对于 $S < S'$ 的情况，可以定义为警惕。

在上述算法中，车辆速度及车距通过实时监测获得。制动时间及制动加速度可以基于如下赋值。

制动时间 t 由两部分组成：驾驶员反应时间 t_1 和系统制动时间 t_2。一般而言，驾驶员正常反应时间为 0.8～1.5s，而制动时间则小于 0.5s。为了安全起见，时间取范围内的较大值，从而得到：

$$t = t_{1\max} + t_{2\max} = 1.5 + 0.5 = 2(\text{s}) \tag{3-26}$$

制动加速度一般可以由式(3-27)计算得出：

$$a = \frac{f}{m} = \frac{\mu mg}{m} = \mu g \tag{3-27}$$

其中，μ 为轮胎与地面的摩擦系数，一般而言该系数为 0.6～0.8，同样为了安全起见，本跟弛模型中把该系数取较小值，即 0.6，最终得到：

$$a = \frac{f}{m} = \frac{\mu_{\min} mg}{m} = \mu_{\min} g = 6(\text{m/s}^2) \tag{3-28}$$

3. *互评算法优化*

在车辆驾驶员互评系统中，模型输入变量如下：驾驶员驾驶评分 N、驾驶员被评价次数 T、评价人(驾驶员或行人)评分 S。对于任何一次评价都有评论人和被评论人。这些数据可以表示为评价人驾驶评分 N_1(驾驶员的 N_1 值为历史评价记录值，行人以及系统自身的 N_1 值为初始值 0.5)、被评价人驾驶评分 N_2、评价人的被评价次数 T_1(驾驶员的 T_1 值为历史评价记录值，行人以及系统自身的 T_1 值为初始值 1)、被评价人的被评价次数 T_2、评价人对被评价人的实时评分 S。为了表述直观，评价人与被评价人所涉及的因素和变量如图 3-13 所示。

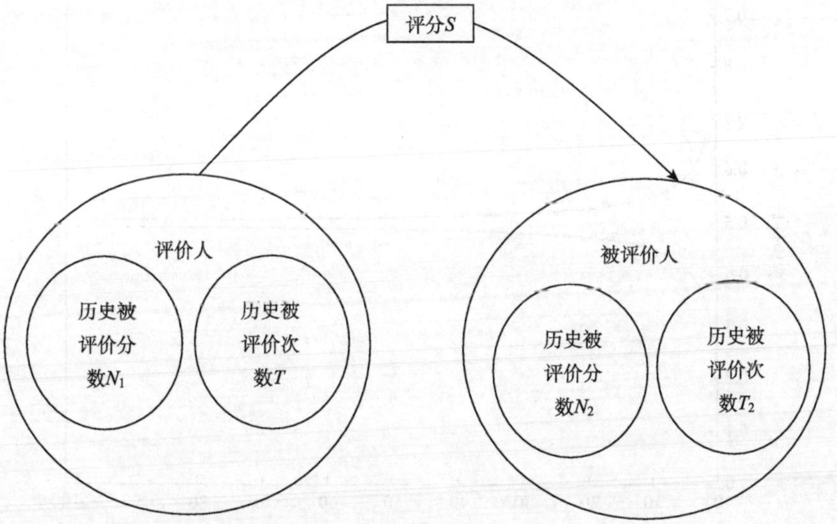

图 3-13　评价人与被评价人所涉及的因素和变量

模型尝试使用完全模仿加权平均分算法：

驾驶员评分：

$$F=(ST_1+N_2T_2)/(T_1+T_2) \tag{3-29}$$

然而，在结合实际考虑问题后可发现，在算法中，评价人的评价不应该仅由评价人被评价次数 T 和 S 决定。因此该算法仍需要很大程度上的改进才能满足模型情况的需求。下面在对问题进行分析后作了进一步的算法改进，主要分为以下三个阶段完成。

1) 对于评价人评价中肯度的初步改进

主要考虑是极端的例子。例如，有评价人经历过多次评价，其历史综合评价值 N_1 很低(如 0.2)，意味着该评价人的驾驶水平令人非常不满意，那么该评价人给出的评价就不一定有说服力。并且该评价人与历史评价高分值(如 0.8)的评价人的评价效果是不一样的。

因此，该模型需要把 N_1 作为一个同样重要的考量因素放在评价人综合权重中进行考虑。改进后的公式为

$$F=(SN_1T_1+N_2T_2)/(N_1T_1+T_2) \tag{3-30}$$

2) 对于评价人评价权重的改进

图 3-14 所描述的是评价人($S=0.5$，$N_1=0.5$)在 $T_1=x$ (x 轴对应值)的情况下，分别对被评价人 A($S=0.8$，$N_{2A}=1$，$T_{2A}=1$)以及被评价人 B($S=0.2$，$N_{2B}=1$，$T_{2B}=1$)进行单次评价后的结果(y 轴对应值)。从图 3-14 中不难看出，

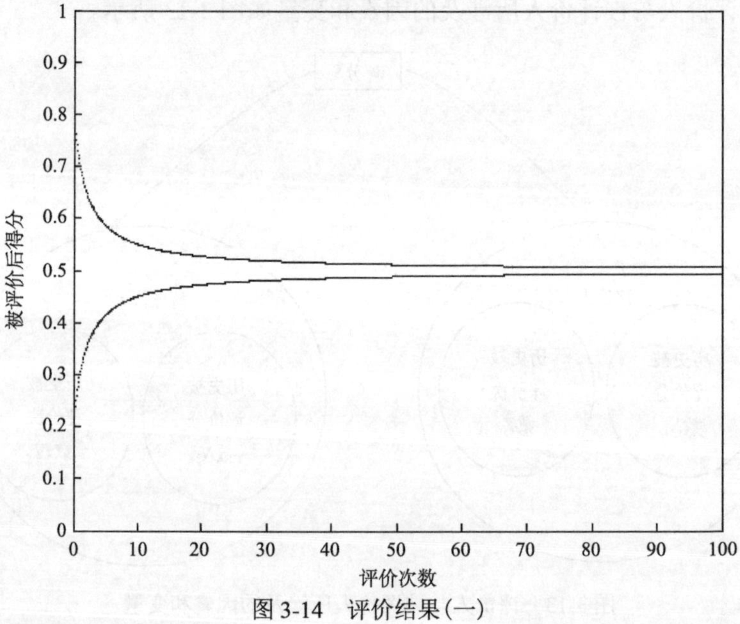

图 3-14　评价结果(一)

当 T_1∶$T_2 \to 100$∶1 (甚至趋近于∞)时，被评价人的结果将会十分接近评价人给出的评价分值 S。

然而此评价系统并不适合实际情况。因为如果仅仅是这样的表示，当评价人的评价次数与被评价人的评价次数比例稍大时(如 50∶1)会形成比较明显的评价压制。不满足该模型所需要的评价要求。反之，当评价人 N_1 过低时，对被评价人的评价影响也是过小的。

图 3-15 所描述的是评价人($N_1 = 0.5$，$T_1 = 1$)在 $S = x$ (x 轴对应值)的情况下，分别对被评价人 A($S = 0.8$，$N_{2A} = 1$，$T_{2A} = 100$)以及被评价人 B($S = 0.2$，$N_{2B} = 1$，$T_{2B} = 100$)进行单次评价后的结果(y 轴对应值)。从图 3-15 中可以看出，当 T_1∶$T_2 \to 1$∶100 (甚至趋近于 0)时，被评价人的结果几乎不会受到评价人评分 S 的影响。

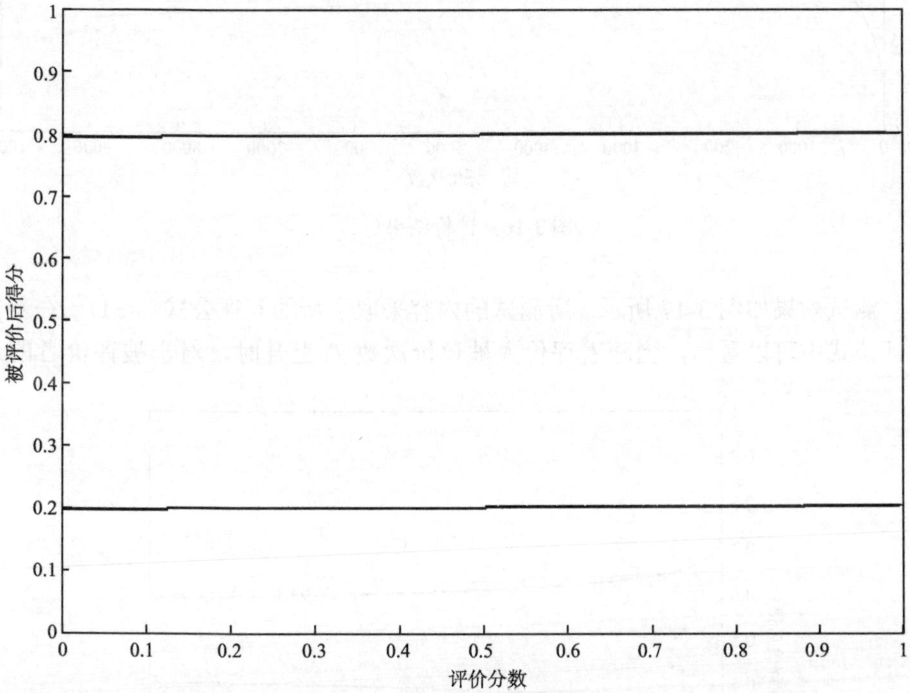

图 3-15　评价结果(二)

综上所述，该模型需要在原有的公式上进行改进，模型需要引入一个函数，使得评价结果可以在被评价次数上升时有影响，但又不至于在数值较大时产生极端强烈的影响。可知 $y = \sqrt[3]{x}$ 符合本模型需求。

如图 3-16 所示，即使在 x 值到达 10000 级别时，y 值仍然为 22 以内。利用下面开三次方函数可以很好地解决模型中评价次数较高时所占权值过高的问题。应用于模型的评价算法中可有驾驶员评分：

$$F = (SN_1\sqrt[3]{T_1} + N_2\sqrt[3]{T_2}) / (N_1\sqrt[3]{T_1} + \sqrt[3]{T_2}) \tag{3-31}$$

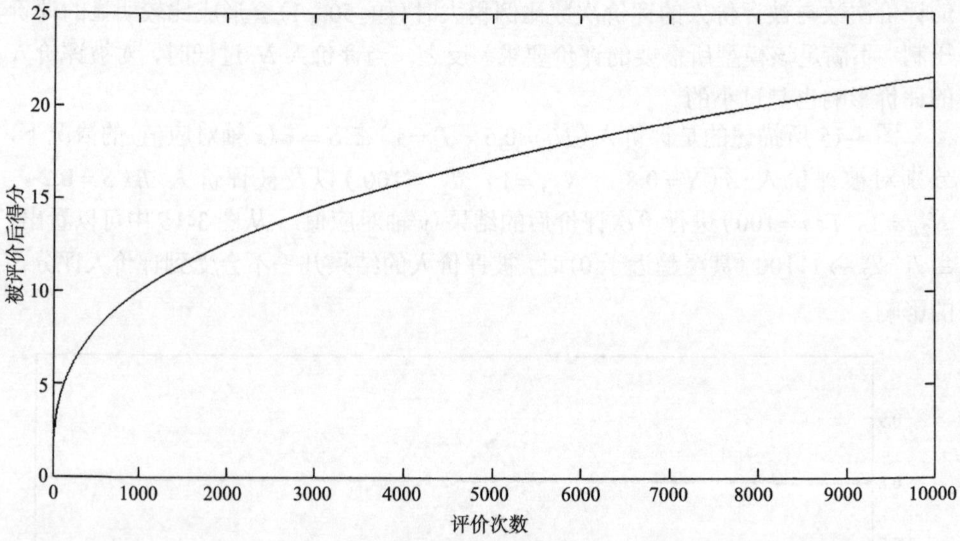

图 3-16 评价结果(三)

测试效果如图 3-17 所示。所测试的内容采取了新的互评公式(3-31)。在新的互评公式中可以看出，当随着评价人被评价次数 T_1 上升时，对于被评价者的最

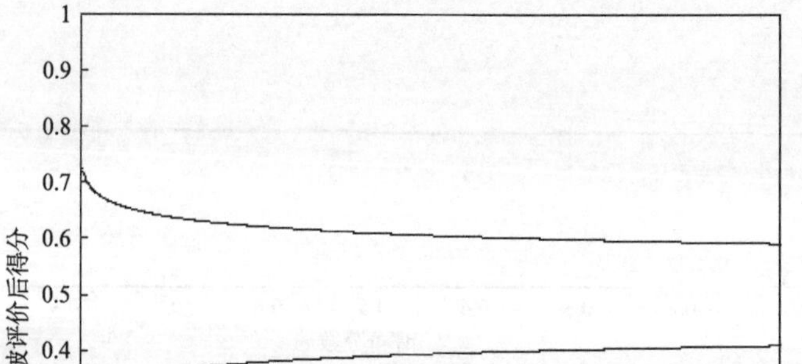

图 3-17 测试结果

终评价影响是逐渐增大的，但是不会像出现影响过大的情况。图 3-18 为极端情况下的测试结果。所测试评价人的被评价次数由原来的[0,100]，增加到了[0,1000]。可以看到，新公式的评价效果比较符合该模型的要求。

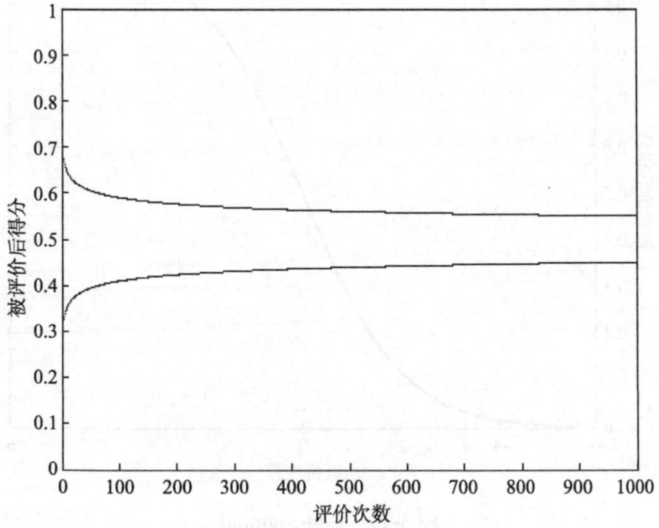

图 3-18　进一步测试结果

3）对于认知模拟的改进

结合实际情况，再次考虑另一个问题，那就是评价人的评价中肯程度的表达是否符合认知规律。在原来的公式中模型应用的是评价人历史被评价分数 N_1 来作为直接衡量手段。然而在进行数学分析后认为，在此之上还应该有可以完善的可能。因为在人们的认知中，驾驶技术的评价 N 与评价结果不仅仅是简单的直线函数关系，而应该更偏向于一种曲线关系，如图 3-19 所示。

曲线函数 Log-Sigmoid 的图像更符合人们的认知规律。因此式(3-31)转化为

$$F=\frac{S\,\mathrm{logsig}(12(N_1-0.5))\sqrt[3]{T_1}+N_2\sqrt[3]{T_2}}{\mathrm{logsig}(12(N_1-0.5))\sqrt[3]{T_1}+\sqrt[3]{T_2}} \tag{3-32}$$

式(3-32)为模型互评算法的最终表达式，通过测试可以看到该优化前后曲线比较如图 3-20 所示，三条曲线分别代表评价人 N_1=0.2(0.5、0.8)，S=0.3，T_1 数值为横坐标轴坐标点位。对被评价人 N_2=0.5，T_2=1 进行评价的结果。图 3-20(a)为未引入 Log-Sigmoid 函数的算法处理的图像，图 3-20(b)为引入 Log-Sigmoid 函

数算法修正的图像。可以看出，改进后对于不同评价人 N_1 的评判程度评估更为合理一些，符合人们主观的普遍心理认知。

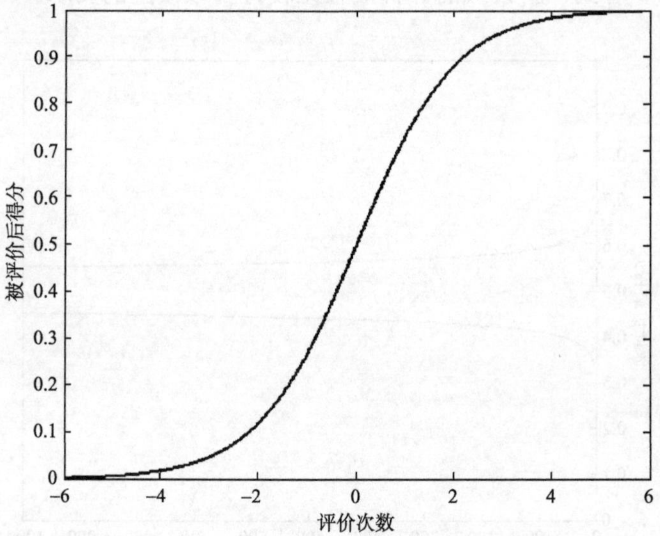

图 3-19 Log-Sigmoid

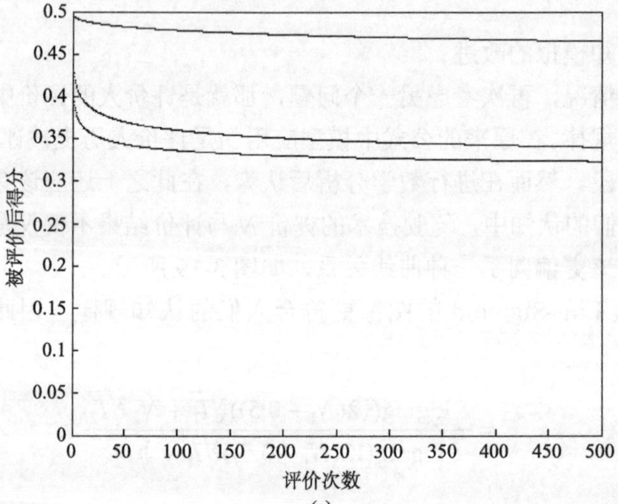

(a)

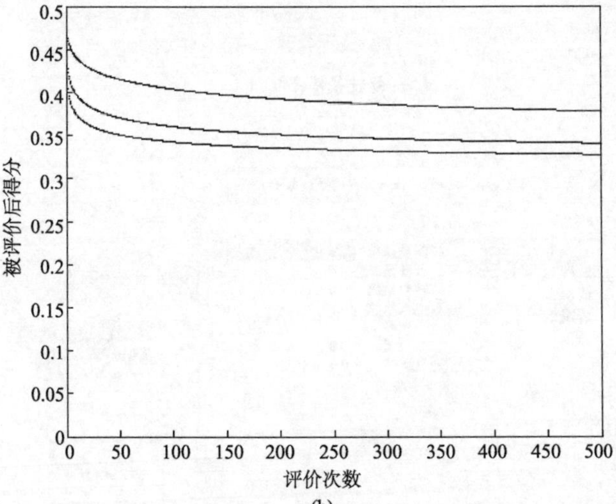

(b)

图 3-20　算法优化前后比较

3.6.6　优化后的评价模型仿真程序运行

图 3-21 是程序模拟仿真界面。模拟主要有三部分组成：驾驶条件评价、驾驶状况反馈及驾驶员互评。选项与模型中设计的功能逐一对应。

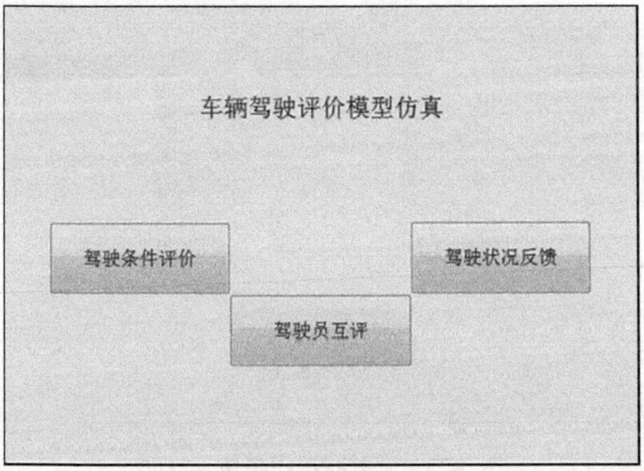

图 3-21　模拟仿真界面

图 3-22 和图 3-23 是模型的驾驶条件评价及驾驶状况模拟仿真界面。通过导入外部数据来模拟检测的外部条件输入。

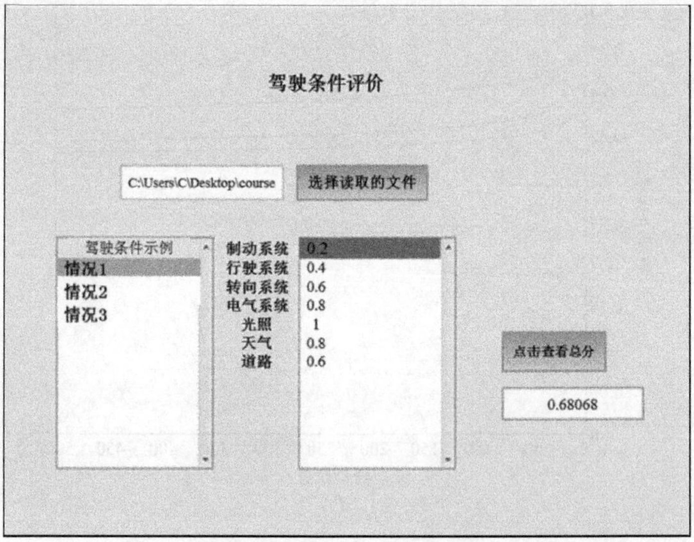

图 3-22 驾驶条件评价界面

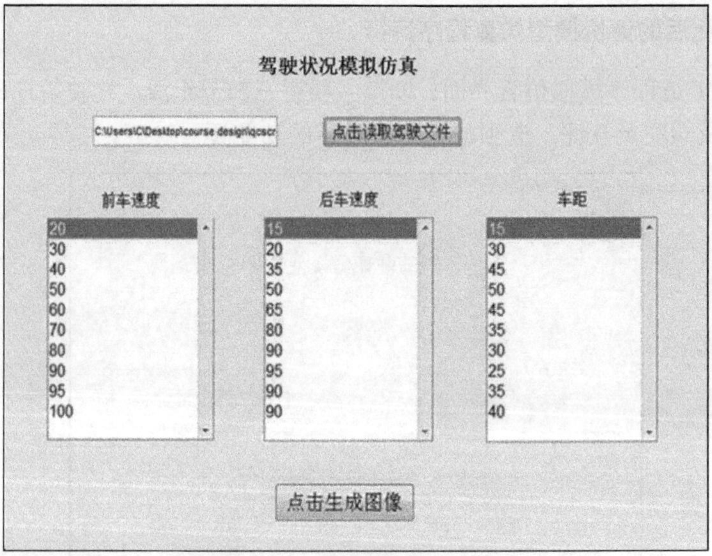

图 3-23 驾驶状况模拟仿真界面

通过图 3-24 可以清楚地看出，当驾驶情况有潜在的危险因素时，系统可以给出相应的提示(图中安全车距线以下的三角区域代表十分危险,安全车距线以下的非三角区域代表驾驶员应注意危险情况的发生)。

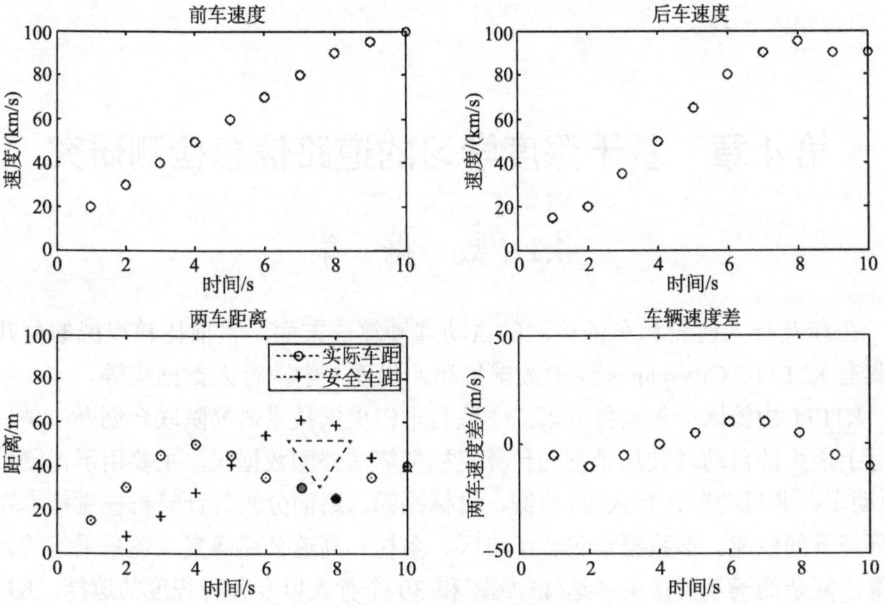

图 3-24　驾驶状况的图像生成

3.7 本章小结

本章对驾驶行为进行了分析，建立了驾驶行为初步模型，并基于模糊综合算法、BP 神经网络以及改进后的加权评价算法实现了车辆驾驶评价模型，模型尝试引入邻车驾驶员及行人对本车的评价，并将该算法模型在 MATLAB 平台进行仿真和算法分析。经过分析测试和仿真验证，该算法从如下三个方面改进。

(1) 平衡公平性。该算法保证了评价的相对公平性，在单因素变化情况下的单次评价中，无论评价与被评价，T 值越高虽然会占有越大的权重，但是不会使算法失去其平衡性。

(2) 引入中肯度。通过评价人历史被评价分数 N_1 引入了评价中肯度的思想，使得评价过程更符合实际情况。

(3) 符合认知度。使用 Log-Sigmoid 函数来进一步完善评价中肯度的思想，使得算法更符合人们的认知观念。

与此同时，本章中所设计的模型仍然有一些值得商榷和改进的部分。例如，模型中模糊评价算法的评价因素权重设定的合理性需要进一步的检验，同时 BP 神经网络部分的训练集样本不充足等。

第4章 基于深度学习的道路信息检测研究

4.1 数 据 集

在涉及行人检测和车辆检测的自动驾驶算法方面，目前比较权威的公开数据集有 KITTI、Cityscapes 评测数据集和加州理工学院行人数据集等。

KITTI 由德国卡尔斯鲁厄理工学院与丰田美国技术研究院联合创办，是目前国际上最大的自动驾驶场景下的计算机视觉算法评测数据集，主要用于评测目标(机动车、非机动车、行人等)检测、目标跟踪、路面分割等计算机视觉技术在车载环境下的性能。该数据集包含了市区、乡村和高速公路等复杂场景采集的真实图像，复杂的场景图像中多达 15 辆车和 30 个行人以及各种程度的遮挡。KITTI 数据集的目标检测部分包括车辆检测、行人检测、自行车等，目标追踪部分包括车辆追踪、行人追踪等，道路分割部分包括 urban unmarked、urban marked、urban multiple marked 三个场景及三个场景均值 urban road 等[70]。

KITTI 数据集分为 Easy、Moderate 和 Hard 三种情况分别评测，如表 4-1 所示。

表 4-1 KITTI 数据集分类

分级	最小高度/像素	遮挡情况	最大截断/%
Easy(容易)	40	完全可见	15
Moderate(中等)	25	部分遮挡	30
Hard(困难)	25	很难看到	50

Cityscapes 是由奔驰公司提供的无人驾驶环境下的图像分割数据集，用于评估视觉算法在场景语义理解方面的性能，包含 50 个城市的不同场景、不同背景、不同季节的街景，提供了 5000 幅精细标注图像、20000 幅粗略标注图像、30 类标注物体等，并且用符合 PASCAL VOC 标准的 Intersection over Union (IoU)得分对具体算法的性能进行评价。

加州理工学院行人数据集包含大约 10h 的 640 像素×480 像素、频率为 30Hz 的视频，该视频是在城市环境中通过车载摄像头拍摄的。大约 25 万帧(137min)，总共有 35 万个边框和 2300 个独特的行人。注释包括边界框和详细的遮挡标签。

4.2 KITTI 数据集及算法分析

汽车检测方面，在 KITTI 公开的测试排行榜中，排名前 20 位的核心方法以 CNN 为主，运行时间最快的达到 0.01s，精确度排名前三的算法的运行时间均为 4s，如图 4-1 和图 4-2 所示。图 4-1 与图 4-2 的数据均来自 KITTI 网站[123]。从图 4-1 可以看到，在中等难度的视频图像中识别汽车方面，精确度最高的已经达 97%左右，排名前 20 位普遍都能保持在 90%左右。排名前 20 位的运行时间如图 4-2 所示。

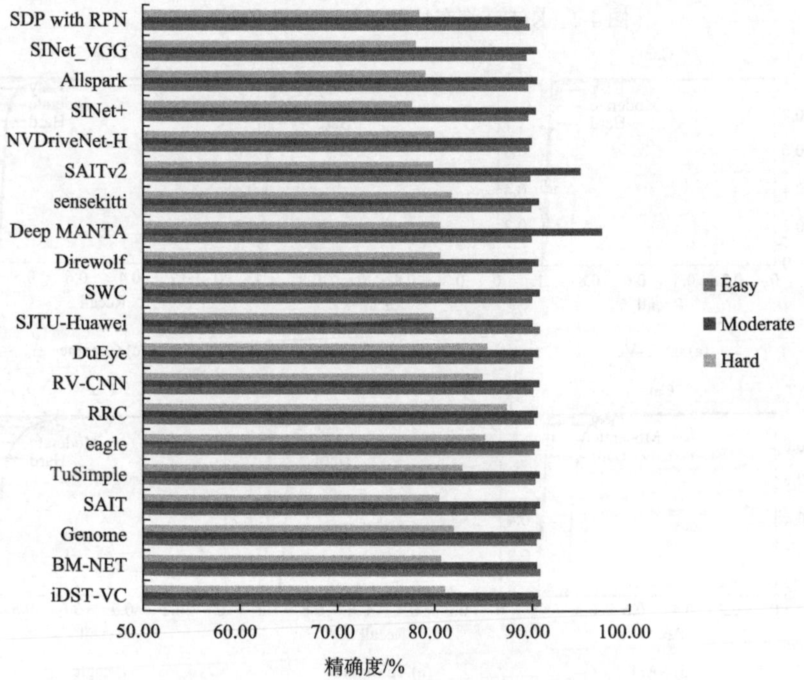

图 4-1 KITTI 汽车检测精确度排名(前 20)

KITTI 排名前 9 位的车辆检测算法的精准率-召回率(Precision-Recall)如图 4-3 所示。

行人检测方面，在 KITTI 公开的测试排行榜中，排名前 20 位的核心方法依然以深度学习 CNN 为主，运行时间最快 0.01s，精确度排名前 3 的算法的运行时间为 0.5～3.6s，跨度比较大。其中 SWC 对 Easy、Moderate、Hard 检测结果均为最优，具体如图 4-4 与图 4-5 所示。图 4-4 与图 4-5 中数据均来自该网站。

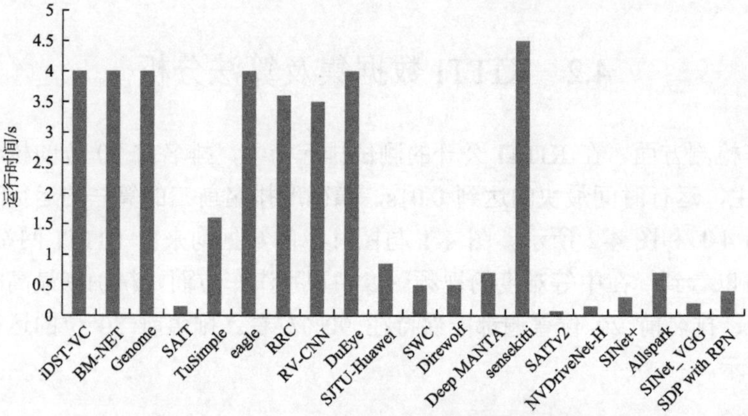

图 4-2 KITTI 汽车检测运行时间排名(前 20)

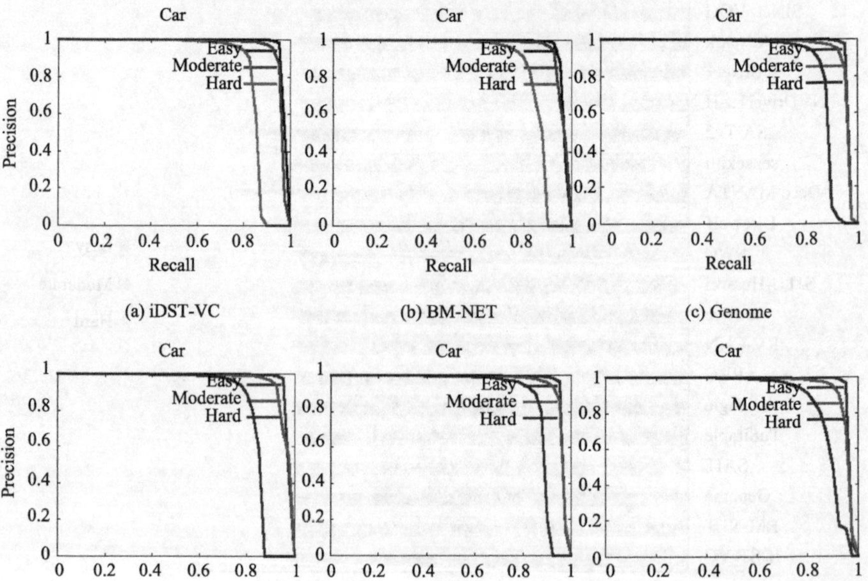

图 4-3 KITTI 排名前 9 位的车辆检测算法的 Precision-Recall[123]

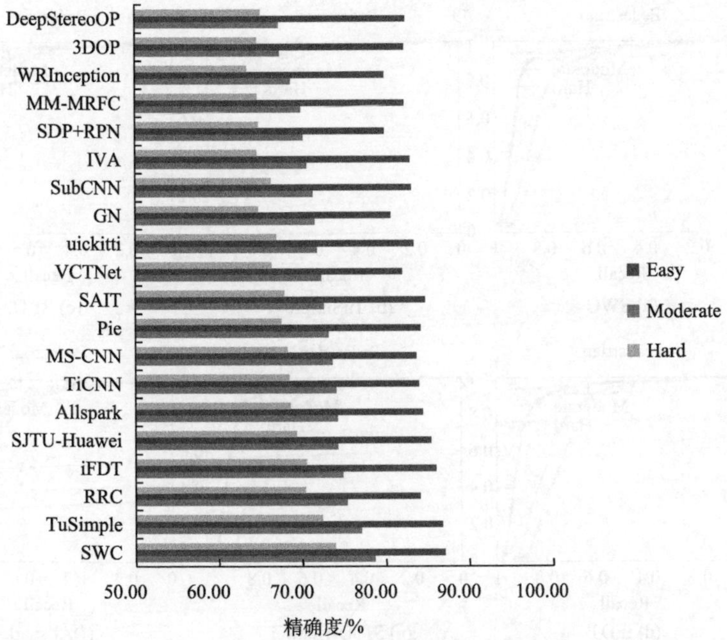

图 4-4　KITTI 行人检测精确度排名（前 20）

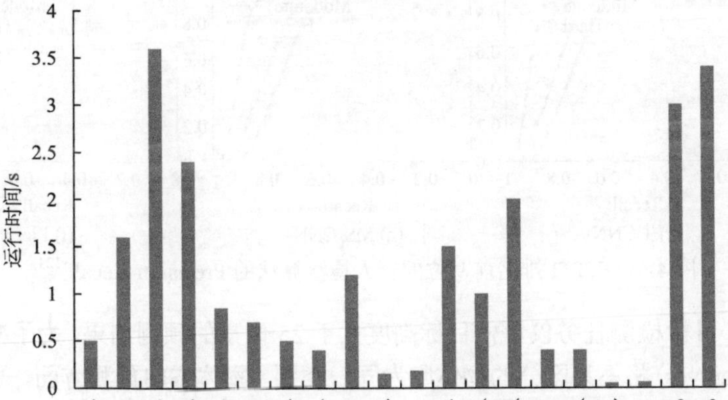

图 4-5　KITTI 行人检测运行时间排名（前 20）

KITTI 排名前 9 位的行人检测算法的精确度-召回率如图 4-6 所示。数据均来自 KITTI 网站[123]。

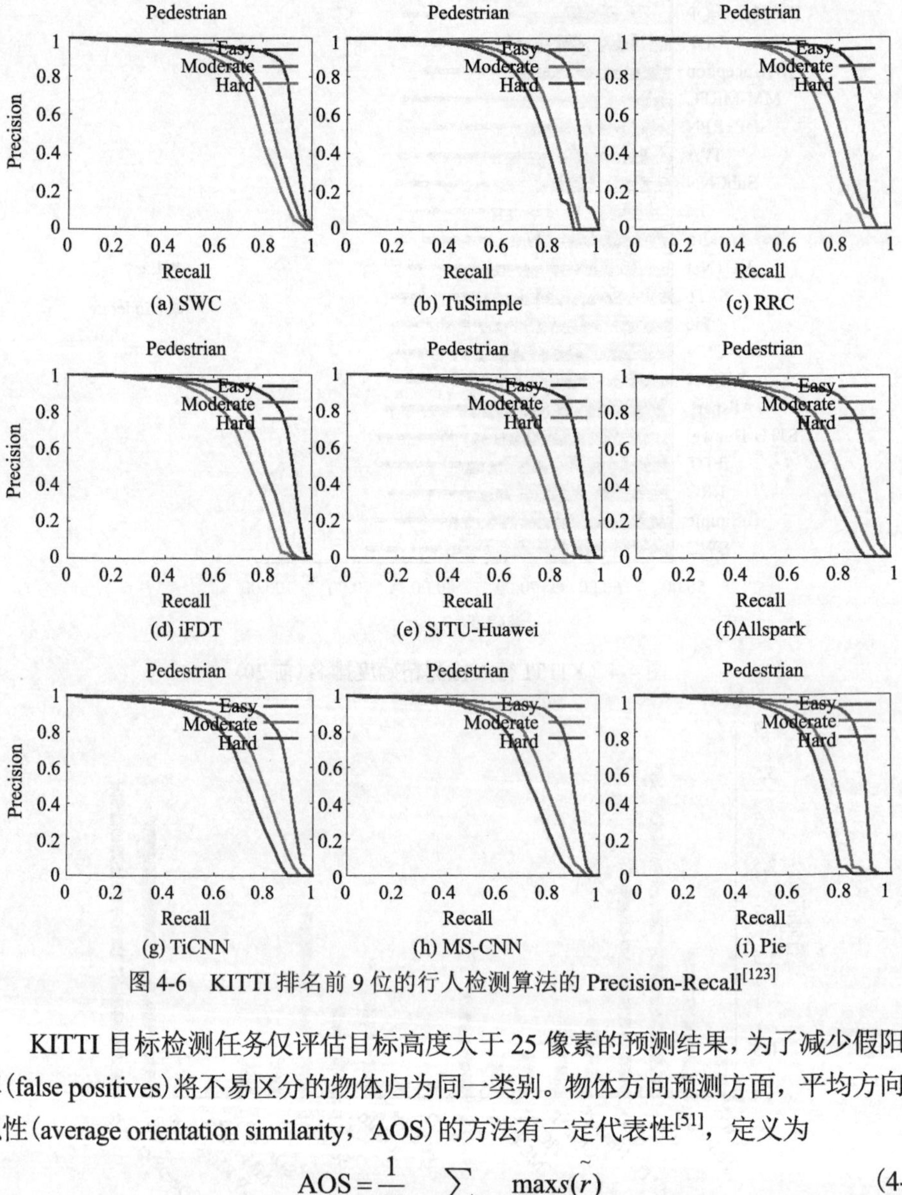

图 4-6　KITTI 排名前 9 位的行人检测算法的 Precision-Recall[123]

KITTI 目标检测任务仅评估目标高度大于 25 像素的预测结果，为了减少假阳性率(false positives)将不易区分的物体归为同一类别。物体方向预测方面，平均方向相似性(average orientation similarity，AOS)的方法有一定代表性[51]，定义为

$$\mathrm{AOS}=\frac{1}{11}\sum_{r\in(0,0.1,\cdots,1)}\max s(\tilde{r}) \tag{4-1}$$

其中，r 代表物体检测的召回率(Recall)。在因变量 r 下，方向相似性 $s\in[0,1]$定义为预测样本与 GT(ground truth)余弦距离的归一化：

$$s(r)=\frac{1}{|D(r)|}\sum_{i\in D(r)}\frac{1+\cos\Delta_{\theta}^{(i)}}{2}\delta_i \tag{4-2}$$

其中，$D(r)$ 表示在召回率 r 下预测为正样本的集合；$\Delta_{\theta}^{(i)}$ 表示检出物体 i 的预测角度与 GT 的差。为了避免多个检出结果匹配到同一个 GT，如果检出 i 已经匹配到 GT（IoU≥50%），则设置 $\delta_i=1$，否则 $\delta_i=0$。

4.3　R-CNN 与 Fast R-CNN

R-CNN 是 Girshick 等提出的基于深度学习的目标检测与识别方法，该方法将目标检测与识别任务划分为基于候选区域提取的相对简单的分类任务，从而高效地利用深度学习强大的分类能力，使得目标检测进入深度学习时代。相对于传统方法，R-CNN 的主要特点包括以下几个方面：①特征由人为设计的特征变为深度学习方法得到的深度特征，这种更具表达能力的特征大大提高了识别精度；②采用区域建议的方式而不是滑动窗口的方式进行目标检测，能够降低识别成本，提高识别效率；③边界框回归策略进一步提高了检测精度[14]。

R-CNN 模型首先用选择性搜索（selective search）算法提取候选目标区域，其次通过 CNN 提取每个候选区域的深度特征，然后训练 SVM 分类器对提取的深度特征进行分类，最后通过边界框回归算法对目标边界重新定位[14]。

4.3.1　选择性搜索算法

明确区分物体的类别需要充分考虑目标多样性和层次关系。为了适应不同尺度，选择性搜索算法[97]采用了图像分割以及层次算法，通过改变窗口大小来适应物体的不同尺度。该算法使用颜色（color）、纹理（texture）、大小（size）等多种相似度策略对分割好的区域（region）进行合并，解决了多样性问题。

其中，基于图的图像高效分割（efficient graph-based image segmentation）是根据相邻区域特征值变化速度的大小，动态调整分割阈值。算法基于区域间间距和区域内间距这两个特征来判断两个区域是否应该合并。如果两个区域的区域间间距明显大于其中任意一个区域的区域内间距，那么就认为这两个区域之间存在明显的界限[71]。

区域内间距定义为

$$\mathrm{Int}(C)=\max_{e\in \mathrm{MST}(C,E)} w(e) \tag{4-3}$$

即区域对应的最小生成树 MST（minimum spanning tree）中权重最大边的权重值。

区域间间距为

$$\mathrm{Dif}(C_1,C_2)=\min_{v_i\in C_1,v_j\in C_2,v(i,j)\in E} w(v_i,v_j) \tag{4-4}$$

选择性搜索算法描述如下。

输入：一幅彩色图片（三通道）

输出：候选的目标位置集合 L

算法：

1. 利用过切分方法得到候选的区域集合 $R=\{r_1,r_2,\cdots,r_n\}$
2. 初始化相似集合 $S=\varnothing$
3. for each 邻居区域对 (r_i,r_j) do
4. 　　计算相似度 $s(r_i,r_j)$
5. 　　$S=S\cup s(r_i,r_j)$
6. while S not=$\varnothing$ do
7. 　　得到最大的相似度 $s(r_i,r_j)=\max(S)$
8. 　　合并对应的区域 $r_t=r_i\cup r_j$
9. 　　移除 r_i 对应的所有相似度 $S=S/s(r_i,r^*)$
10. 　　移除 r_j 对应的所有相似度 $S=S/s(r^*,r_j)$
11. 　　计算 r_t 对应的相似度集合 S_t
12. 　　$S=S\cup S_t$
13. 　　$R=R\cup R_T$
14. $L=R$ 中所有区域对应的边框

区域间距即在所有的分属两个区域且有边连接的点对中寻找权重最小的一对。通过比较式(4-3)和式(4-4)，可以得出

$$D(C_1,C_2)=\begin{cases}\text{true}, & \text{Dif}(C_1,C_2)>\text{MInt}(C_1,C_2)\\ \text{false}, & \text{否则}\end{cases} \tag{4-5}$$

其中

$$\text{MInt}(C_1,C_2)=\min(\text{Int}(C_1)+\tau(C_1),\text{Int}(C_2)+\tau(C_2)) \tag{4-6}$$

阈值函数 τ 用来控制两个区域的区域间间距要在多大程度上大于区域内间距才能被认定为两个区域间有明显的分割界限，为$|C|$的负相关函数。

4.3.2 驾驶任务驱动的选择性搜索算法实验与分析

考虑驾驶任务的具体需求，首先对图像进行感兴趣区域处理，然后对感兴趣区域进行搜索，选出候选区域，最后通过 CNN 完成分类。

算法描述如下。

输入：一幅车载前置摄像头捕获的彩色图片(三通道)

输出：候选的目标位置集合 L

算法：

1. 利用 ROI 方法获得该图片的 ROI
2. 利用过切分方法对 ROI 处理得到候选的区域集合 $R_{\mathrm{ROI}}=\{r_1,r_2,\cdots,r_n\}$
3. 初始化相似集合 $S=\varnothing$
4. for each 邻居区域对 (r_i,r_j) do
5. 　　计算相似度 $s(r_i,r_j)$
6. 　　$S=S\cup s(r_i,r_j)$
7. while S not= $\varnothing$ do
8. 　　得到最大的相似度 $s(r_i,r_j)=\max(S)$
9. 　　合并对应的区域 $r_t=r_i\cup r_j$
10. 　　移除 r_i 对应的所有相似度 $S=S/s(r_i,r^*)$
11. 　　移除 r_j 对应的所有相似度 $S=S/s(r^*,r_j)$
12. 　　计算 r_t 对应的相似度集合 S_t
13. 　　$S=S\cup S_t$
14. 　　$R_{\mathrm{ROI}}=R_{\mathrm{ROI}}\cup R_T$
15. $L=R$ 中所有区域对应的边框

引入驾驶任务驱动的选择性搜索算法示意图如图 4-7 所示。原型结构图使用 R-CNN 模型图[14]。

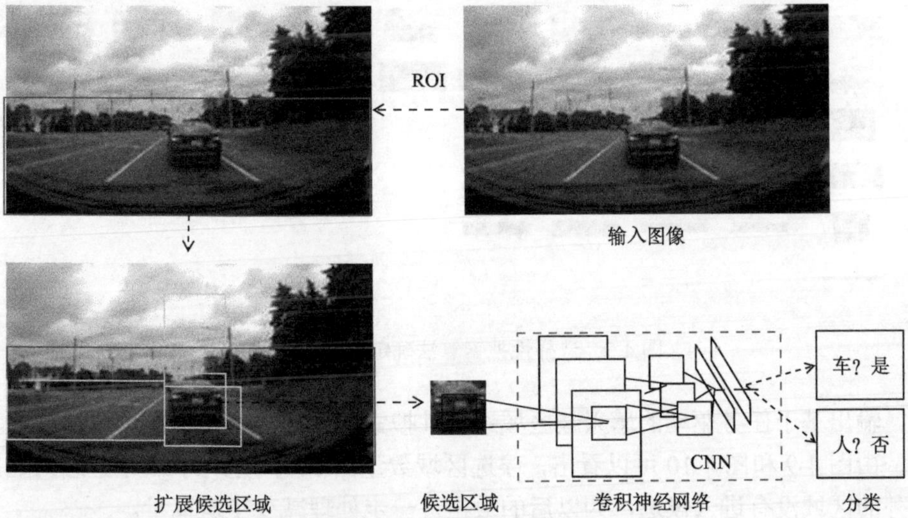

图 4-7　引入驾驶任务的选择性搜索算法

为了能够更直观地描述，此处示意图中的感兴趣区域直接取原图的下半平面处理，更精确和详细的感兴趣区域设定方法见第 5 章的介绍。

对比实验结果，输入的原始图片如图 4-8 所示。

图 4-8 输入的原始图片

未经任务驱动的感兴趣区域处理的选择性搜索算法的候选区域如图 4-9 所示。

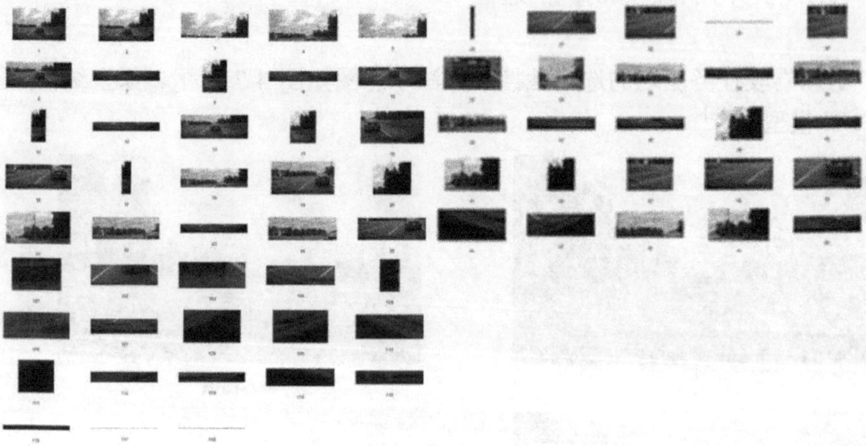

图 4-9 选择性搜索算法确定的候选区域

输出基于任务驱动的感兴趣区域选择性搜索结果如图 4-10 所示。

由图 4-9 和图 4-10 可以看出，候选区域数量由 68 个减少到 50 个，感兴趣区之外的区域没有进入候选，为以后的数据进一步处理减少了运算量。

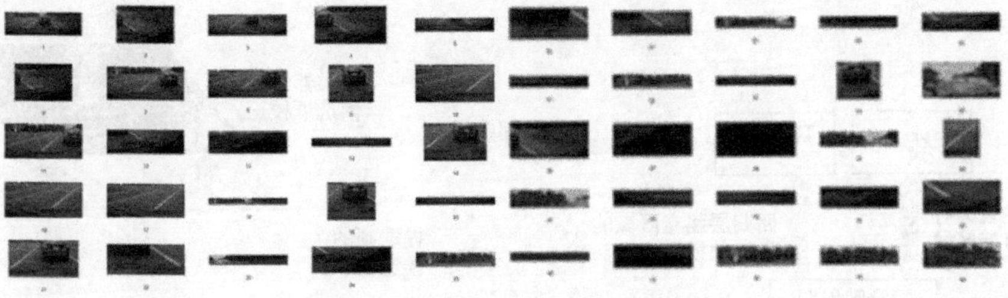

图 4-10　改进的算法确定的候选区域

经过实际测试，更新为基于驾驶任务驱动的感兴趣区域选择性搜索算法以后，R-CNN 处理一幅图的时间可以由原来的大约 47s 缩短到 28s，同样，更新为基于任务驱动的感兴趣区域选择性搜索算法的 Fast R-CNN，处理一幅图的时间由原来的大约 3s 缩短到 2s。

4.4　Faster R-CNN

R-CNN 对每个建议的候选区域都基于整个网络进行计算，导致选择性搜索算法阶段的耗时过长，所以整体运算效率相对较低。另外，区域建议过程不能融合到深度学习模型中，导致无法实现端到端(end-end)的处理，从而难以实现基于 GPU 的处理，限制了检测速度。Ren 等提出了 Faster R-CNN 算法。该算法引入了区域生成网络的概念(RPN)用以进行目标候选区的提取如图 4-11 所示[16]。

RPN 通过一个滑动窗口(sliding window)连接在最后一个卷积层输出的特征映射图上，通过全连接层调整到 256 维度的向量，作为输出层的输入。同时每个滑动窗对应 k 个固定窗口，这里使用 3 个尺寸和 3 个比例的 3×3=9 个锚点。每个锚点对应原图上一个感受野，通过这种方法提高尺度不变性。

RPN 的训练过程是端到端的，使用的优化方法是反向传播(back-propagation)和随机梯度下降(SGD)，损失函数是分类误差和回归误差的联合损失。

$$L(\{p_i\}+\{t_i\})=\frac{1}{N_{\text{cls}}}\cdot\sum_i L_{\text{cls}}(p_i,p_i^*)+\frac{\lambda}{N_{\text{reg}}}\cdot\sum_i p_i^*\cdot L_{\text{reg}}(t_i,t_i^*) \tag{4-7}$$

其中，i 表示第 i 个锚点；$p_i^*=1$ 表示第 i 个锚点为正样本；t_i^* 表示候选区域边框和真实目标边框之间的偏差。

对于区域生成网络 RPNet：

$$X_{\text{Part1}}=\text{ConvNet}^{(\text{Part1})}(x,\theta_{\text{Part1}})\in R^{u\times v@r} \tag{4-8}$$

$$\text{RP}_x=[\text{RP}_x^1\in R^{2@\tilde{s}},\text{RP}_x^2\in R^{4@\tilde{s}}]=\text{RPNet}(X_{\text{part1}}(x),\theta_{\text{RP}}) \tag{4-9}$$

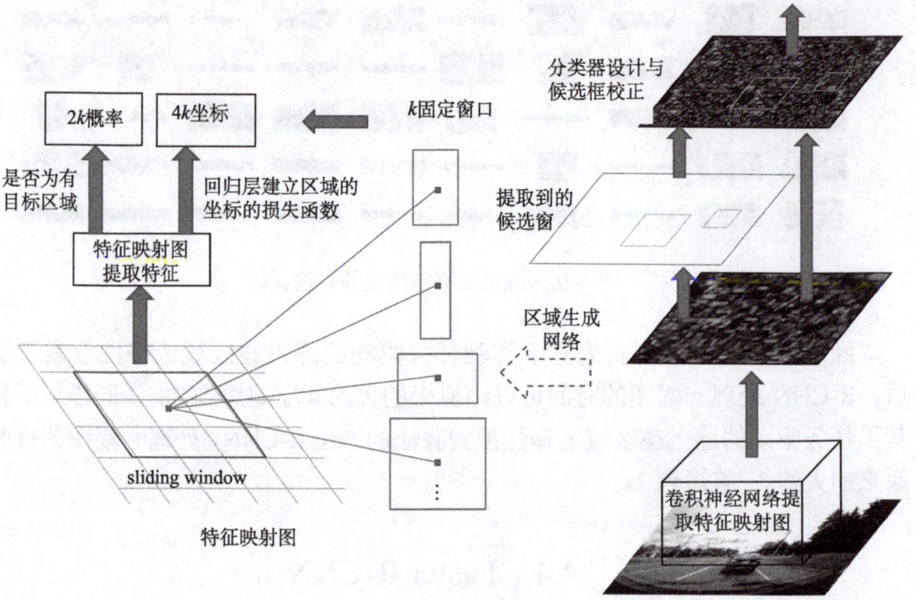

图 4-11 Faster R-CNN[16]

结合 RPN 的输出得到 Fast R-CNN 输入与输出之间的关系式(4-10)～式(4-14)。

$$X_{\text{Part1}}=\text{ConvNet}^{(\text{Part1})}(x,\theta_{\text{Part1}})\in R^{u\times v@r} \tag{4-10}$$

$$X_{\text{Part2}}=\text{ConvNet}^{(\text{Part2})}(x,\theta_{\text{Part2}})\in R^{u\times v@r} \tag{4-11}$$

$$X_{\text{Part3}}=\text{ROI}^{(\text{Part3})}(X_{\text{Part2}},\text{RP}_x) \tag{4-12}$$

$$y=\left[\text{RP}_x^{\tilde{s}},\text{Label}_x^{\tilde{s}}\right]=\text{FC}\left(X_{\text{Part3}},\theta_{\text{Part3}},C,\text{Refine}\left(\text{RP}_x\right)\right) \tag{4-13}$$

$$\tilde{s}=0,1,2,\cdots,\tilde{S} \tag{4-14}$$

第 1 步，生成特征图，如式(4-9)所示，输出 r 个特征图，每个特征图尺寸为 $u\times v$，待学习参数为 θ_{Part1}。

第 2 步，利用区域生成网络实现候选目标区域的提取。x 为输入图像，RP_x 为输出，S 为候选目标区域的数量。RP_x^1 是每个候选区域得分。

$$\text{RP}_x=[\text{RP}_x^1\in R^{2@\tilde{s}},\text{RP}_x^2\in R^{4@\tilde{s}}]=\text{RPNet}(X_{\text{part1}}(x),\theta_{\text{RP}}) \tag{4-15}$$

1. RPN 算法

RPN 算法框图如图 4-12 所示。

输入：任意大小的特征图。

输出：一系列矩形目标候选区。

(1) 对每个标定的真值候选区域，与其重叠比例最大的锚点记为前景样本。

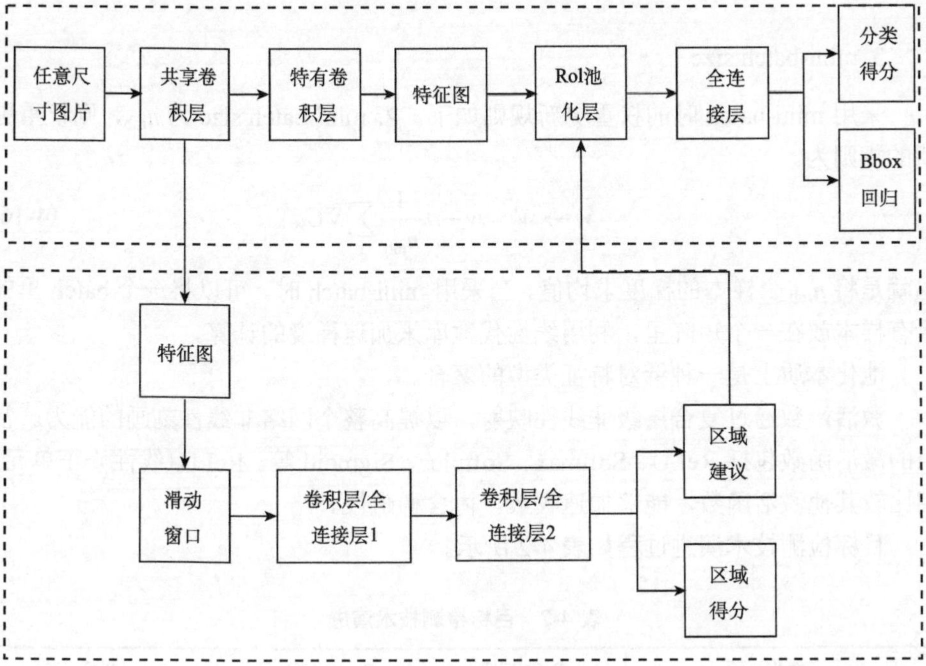

图 4-12　RPN 算法框图[16]

(2) 对(1)剩余的锚点，如果其与某个标定重叠比例大于 0.7，记为前景样本；如果其与任意一个标定的重叠比例都小于 0.3，记为背景样本。

(3) 剩余的弃去不用。

2. 代价函数

同时最小化两种代价：

(1) 分类误差。

(2) 前景样本的窗口位置偏差。

小批量梯度下降法(mini-batch gradient descent)是每次只训练总训练集的一小部分，对 K 个总样本，每次取 $K/50$ 个样本来计算损失(loss)，更新参数。50 次后完成整个样本集的训练，为一个轮次(epoch)。由于每次更新用了多个样本来计算损失(loss)，使得计算损失(loss)和更新参数更具有代表性，损失(loss)的下降更趋于稳定。同时这种小批量计算也减少了系统资源的占用。学习速率(learning rate) η 用梯度下降算法进行优化时，权重的更新规则中，在梯度项前会乘以一个系数，这个系数就是学习速率 η。如果学习速率太低，则会使收敛过慢；如果学习速率太高，则会导致代价函数振荡。

3. mini-batch size

采用 mini-batch 时的权重更新规则如下。若 mini-batch size 为 n_{mb}，则权重更新的规则为

$$w \to w' = w - \eta \frac{1}{n_{\text{mb}}} \sum_x \nabla C_x \tag{4-16}$$

也就是将 n_{mb} 个样本的梯度求均值。当采用 mini-batch 时，可以将一个 batch 里的所有样本放在一个矩阵里，利用线性代数库来加速梯度的计算。

池化本质上是一种针对特征类型的聚合。

激活函数通过复合层级非线性映射，以提高整个网络非线性刻画的能力。常用的激活函数包括 ReLU、Softmax、Softplus、Sigmoid 等。ReLU（线性修正单元）相比较其他激活函数，能够加速收敛，内含稀疏性。

目标检测技术演进过程如表 4-2 所示。

表 4-2　目标检测技术演进

算法过程比较		R-CNN[14]	Fast R-CNN[15]	Faster R-CNN[16]
目标候选区域提取方法		选择性搜索算法	选择性搜索算法	区域生成网络 RPN
特征提取对象		每个候选区域	整幅图片	整幅图片
特征提取方法		CNN	CNN	CNN
分类功能	输入	图片	图片	图片
	输出	物体的类别	物体的类别	物体的类别
	判别工具	分类器	分类器	分类器
	评估方法	准确率	准确率	准确率
定位功能	输入	图片	图片	图片
	输出	方框位置 (x,y,w,h)	方框位置 (x,y,w,h)	方框位置 (x,y,w,h)
	评估方法	评价函数 IoU	评价函数 IoU	评价函数 IoU
算法步骤	1	确定候选框	确定候选框	对整幅图片 CNN 得到特征映射图
	2	候选框内用深度网络提取特征	对整幅图片 CNN 得到特征映射图	卷积特征进行 RPN 得到候选框特征
	3	对特征使用分类器判别	候选框特征映射块作为候选框卷积特征	对候选框提取特征用分类器判别
	4	用回归器调位置	对候选框提取特征用分类器判别	—
	5	—	用回归器调位置	—

4.5 改进的基于双注意机制的 Faster R-CNN 算法

本章中的视频流主要采集自汽车挡风玻璃上安装的前置摄像头，从中检测出行人和车辆并提示是主要目标。目前主流的方法是先对整幅图片进行目标检测分类定位，再滤除掉对行车安全不会产生影响的对象，这样无疑引入了“无用”计算的开销。可以说有些目标检测过程只是算法非特定任务驱动下有效性的一种验证。与目前的主流数据驱动的目标检测思路不同，先以驾驶行为特点为任务驱动去确定感兴趣区域，然后只对此区域进行目标检测。

如果简单地对车辆辅助驾驶系统的前置摄像头捕捉的视频信息进行目标识别和定位，有很多不符合驾驶行为习惯和要求的信息被检出，不但增大了系统开销，还会对驾驶员产生一定干扰影响，如前方过街天桥上的行人(图 4-13)、高架路上行驶的汽车等。作为实时的辅助驾驶系统，还需要对检测目标进行符合驾驶行为的区域优化，在进一步提高处理速度、降低误报率的同时，提高驾驶员的用户体验。

图 4-13　过街天桥上的行人检测

改进的思路是采用感兴趣区域的方法，先确定好对驾驶行为可能产生影响的区域(基于位置的驾驶任务驱动的感兴趣区域)，然后 RPN 只在该区域进行基于目标的感兴趣区域生成(候选区域)。这样，实现一个在基于任务驱动的感兴趣区域内处理基于数据驱动的感兴趣目标的区域生成网络。所以，可以将其称为双注意机制。配合这种机制，需要使用线下线上相结合的方法进行处理。

本章使用已标记的小汽车和行人样本数据分别训练 R-CNN 神经网络得到检测器模型，并采用测试样本对训练好的检测器模型进行准确率评测，达到汽车与行人检测的效果。

Faster R-CNN 引入了注意机制，使用 RPN 代替了选择性搜索算法，所以也将其看作 Fast R-CNN 与 RPN 的结合，用 Fast R-CNN 解决内容是什么的问题，用 RPN 解决定位在哪里的问题。

改进的基于双注意机制的 Faster R-CNN 算法适合对汽车前置摄像头采集的视频信息进行处理以实现包括车辆识别和行人识别在内的实时辅助驾驶功能。Faster R-CNN 算法引入了对“内容”的注意以及对注意的“内容”的定位。而改进的算法尝试在符合驾驶员驾驶习惯的基础上前置引入从区域到空域的注意，在注意的区(空)域位置内关注内容，再引出对“内容”的注意，这样来进一步适应驾驶员驾驶过程的视觉注意机制和驾驶安全规则。这种方法本质上是基于任务驱动的，实际过程中是以任务驱动与数据驱动融合的方式确定感兴趣区域的。

第 1 步，使用第 5 章的方法确定初始 ROI 区域：

$$\mathrm{ROI}=\mathrm{ROI}_{\mathrm{task}} \tag{4-17}$$

第 2 步，把 ROI 进行卷积得到 ROI 的特征映射图公式为

$$\mathrm{ROI}_{\mathrm{task\ Part1}}=\mathrm{ConvNet}^{(\mathrm{Part1})}(\mathrm{ROI},\theta_{\mathrm{Part1}})\in \mathrm{R}^{u\times v@r} \tag{4-18}$$

$$\mathrm{RP}_{\mathrm{ROI}}=[\mathrm{RP}_{\mathrm{ROI}}^{1}\in\mathbb{R}^{2@S},\mathrm{RP}_{\mathrm{ROI}}^{2}\in\mathbb{R}^{4@S}]=\mathrm{RPNET}(\mathrm{ROI}_{\mathrm{data}}(\mathrm{ROI}),\theta_{\mathrm{RP}}) \tag{4-19}$$

第 3 步，共享卷积层后的特征图，同第 2 步。

第 4 步，特有卷积层的特征图公式为

$$\mathrm{ROI}_{\mathrm{task}}^{\mathrm{Part2}}=\mathrm{ConvNet}^{(\mathrm{Part2})}(\mathrm{ROI}_{\mathrm{task}}^{\mathrm{Part1}},\theta_{\mathrm{Part2}}) \tag{4-20}$$

第 5 步，数据驱动的感兴趣区域的池化层输出公式为

$$\mathrm{ROI}_{\mathrm{task-data}}^{\mathrm{Part3}}=\mathrm{ROI}_{\mathrm{data}}^{\mathrm{Part3}}(\mathrm{ROI}_{\mathrm{task}}^{\mathrm{Part2}},\mathrm{RP}_{\mathrm{ROI}}) \tag{4-21}$$

第 6 步，全连接层后的输出公式为

$$[\mathrm{RP}_{\mathrm{ROI}}^{(\gamma)},\mathrm{Lable}_{\mathrm{ROI}}^{(\gamma)}]=\mathrm{FC}(\mathrm{ROI}_{\mathrm{task-data}}^{\mathrm{Part3}},\theta_{\mathrm{Part3}},C,\mathrm{Refine}(\mathrm{RP}_{\mathrm{ROI}})) \tag{4-22}$$

该方法对于先验知识有较高的要求，驾驶员驾驶过程中需要注意区域的科学定位比较复杂，但对驾驶经验不足的驾驶员具有指导性，将在第 5 章进行详细说明。

4.6 基于 Faster R-CNN 的半监督自主学习方法研究

Faster R-CNN 在训练阶段，实际上输入的是一个带有标记的图片，标记的内容是该图片中指定物体的矩形区域坐标信息，分别为矩形左上角的 X、Y 值，矩形的宽(W)和高(H)，由此组成了算法内部数据驱动的感兴趣区域 ROI。Faster R-CNN 在测试阶段，输入的是不带标记的图片。

本书尝试设计一个方法，使得 Faster R-CNN 在训练阶段形式上也是简单的输入图片，以提高训练准备工作的效率。方法是使输入的图片中感兴趣区域覆盖整

幅图片，这样在准备工作阶段就可以减少一个标记感兴趣区域的环节(均可采用默认值)，但是同时引入了另一个环节，即在训练阶段前，所有的图片都要进行预处理，让待识别的物体覆盖整幅图片，以满足该条件。这个工作量还是比较大的。在此基础上，一种改进的思路是初始化阶段，提供若干幅(1～9 幅)典型图片(物体全覆盖)，不用单独输入标记，然后把正确检测到的图片带标记作为输入。把这种典型图片称为种子，其集合归入训练集。经过若干轮反复后，若仍有不能识别的图片，则对其单独进行标记。然后把其归入训练集。用该种方法能够快速地建立并扩充训练集，比使用单纯的手工标签方法提高了效率。

同时，参考文献[51]的方法，使用图片水平特征，垂直特征和组合特征对测试图片进行无参考型客观质量评价[51]。以探讨图像客观质量与目标得分之间的关联性。

图片客观质量评价算法描述如下。

输入：图片。

输出：图像质量客观评分(满分 100 分)。

算法步骤如下。

(1) 计算水平特征如式(4-23)～式(4-26)所示。

$$d_h(m,n)=x(m,n+1)-x(m,n),\quad n\in[1,N-1] \tag{4-23}$$

$$A_h=\frac{1}{7}\left[\frac{8}{M(N-1)}\sum_{i=1}^{M}\sum_{j=1}^{N-1}\left|d_h(i,j)\right|-B_h\right] \tag{4-24}$$

$$B_h=\frac{1}{M(\lfloor N/8\rfloor-1)}\sum_{i=1}^{M}\sum_{j=1}^{\lfloor N/8\rfloor-1}\left|d_h(i,8j)\right| \tag{4-25}$$

$$Z_h=\frac{1}{M(N-2)}\sum_{i=1}^{M}\sum_{j=1}^{N-2}z_h(m,n) \tag{4-26}$$

(2) 计算垂直特征如式(4-27)～式(4-30)所示。

$$d_v(m,n)=x(m,n+1)-x(m,n),\quad n\in[1,N-1] \tag{4-27}$$

$$A_v=\frac{1}{7}\left[\frac{8}{M(N-1)}\sum_{i=1}^{M}\sum_{j=1}^{N-1}\left|d_v(i,j)\right|-B_v\right] \tag{4-28}$$

$$B_v=\frac{1}{M(\lfloor N/8\rfloor-1)}\sum_{i=1}^{M}\sum_{j=1}^{\lfloor N/8\rfloor-1}\left|d_v(i,8j)\right| \tag{4-29}$$

$$Z_v=\frac{1}{M(N-2)}\sum_{i=1}^{M}\sum_{j=1}^{N-2}z_v(m,n) \tag{4-30}$$

(3)计算组合特征如式(4-31)所示。

$$B=\frac{B_h+B_v}{2},\quad A=\frac{A_h+A_v}{2},\quad Z=\frac{Z_h+Z_v}{2} \tag{4-31}$$

(4)质量评价计算公式为

$$S=\alpha+\beta B^{\gamma_1}A^{\gamma_2}Z^{\gamma_3} \tag{4-32}$$

其中，$\alpha=-927.4240$；β=850.8986；γ_1=235.4451；γ_2 = 128.7548；γ_3= – 341.4790。

4.7 深度学习网络设计与实验分析

1. 设计一个 CNN 网络

该网络由输入层、中间层和输出层组成。

输入层最小检测目标像素大小设为 25×25。定义如下：

```
inputLayer=imageInputLayer([25 25 3]);
```

中间层由卷积函数、激活函数和池化函数组成。中间层结构如图 4-14 所示。输出层由全连接层和分类层组成。其中分类层由一个两输出的全连接层实现，用于判断是否包括目标检测对象。

图 4-14 中间层结构

2. 使用车辆数据集 Vehicledataset 进行 Faster R-CNN 的初始化训练

前 60%的图像作为训练数据使用，后 40%的图像用于测试。以下是对训练过程的记录和分析，并对训练效果进行评估。

初始数据集总共 295 幅图片。其中 177 幅作为训练，118 幅作为测试。数据集数据类型中第一列为图像相对路径，第二列为图像中汽车的位置(*X*、*Y*、*W*、*H*)。其中 *X*、*Y* 为矩形框左上角相对图片左上角的横坐标和纵坐标，*W*、*H* 为矩形框的宽和高。该数据集训练的检测器定义为 D295 检测器。

对训练过程进行分析，第一次完成 RPN 过程的时间开销占到了总耗时的 36%，第二次完成 RPN 过程的时间开销占到了总耗时的 35.9%，可以看出，RPN

过程的时间开销占到了总时间开销的 72%左右。CPU 训练时间开销如表 4-3 所示。

表 4-3　CPU 训练时间开销

步骤	第一次开销/s	第二次开销/s
第 1 步：训练 RPN	4001.97	3845.27
第 2 步：使用第 1 步得到的 RPN 训练一个 Fast R-CNN 网络	1397.89	1497.42
第 3 步：使用与 Fast R-CNN 的共享权重对 RNN 再训练	3981.35	4143.40
第 4 步：使用更新后的 RPN 对 Fast R-CNN 再训练	1360.07	1691.51

第 1 阶段中，损失率和测准率与迭代次数的关系如图 4-15(a)所示。其中线 b 表示损失率，线 a 表示测准率。损失率与测准率关系如图 4-15(b)所示。第 2 阶段中，损失率和测准率与迭代次数的关系如图 4-16(a)所示。其中线 b 表示损失率，线 a 表示测准率。损失率与测准率关系如图 4-16(b)所示。

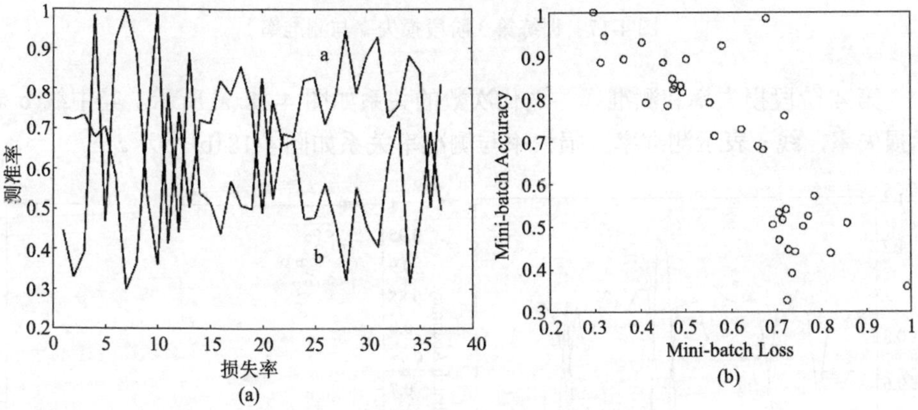

图 4-15　训练第 1 阶段损失率与测准率

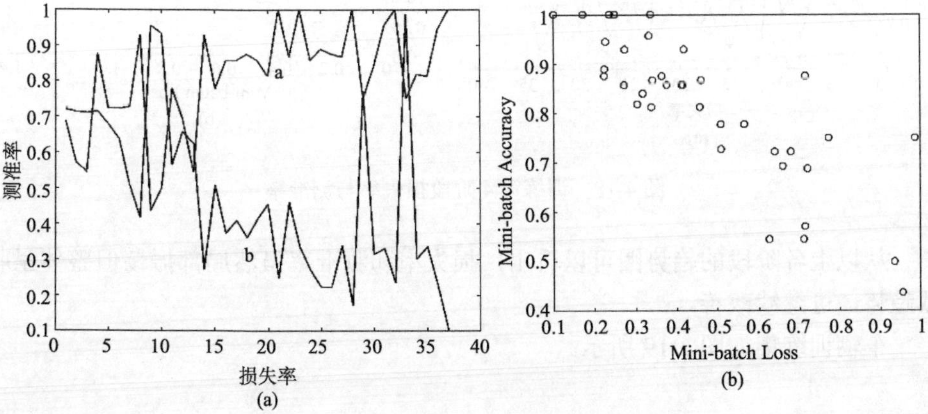

图 4-16　训练第 2 阶段损失率与测准率

第 3 阶段中，损失率和测准率与迭代次数的关系如图 4-17(a)所示。其中线 b 表示损失率，线 a 表示测准率。损失率与测准率关系如图 4-17(b)所示。

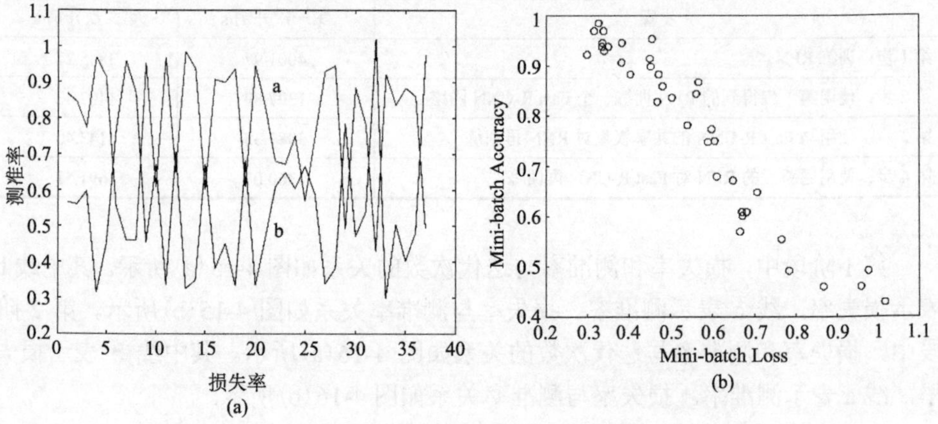

图 4-17　训练第 3 阶段损失率与测准率

第 4 阶段损失率和测准率与迭代次数的关系如图 4-18(a)所示。其中线 b 表示损失率，线 a 表示测准率。损失率与测准率关系如图 4-18(b)所示。

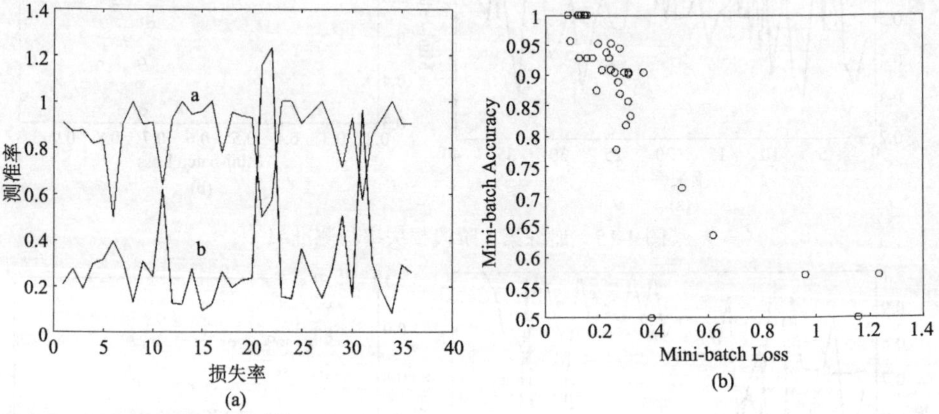

图 4-18　训练第 4 阶段损失率与测准率

从以上各阶段的趋势图可以看出，损失率和测准率虽然局部振荡但整体呈收敛趋势，可继续改善。

车辆训练集如图 4-19 所示。

图 4-19 车辆训练集

对训练集图像进行客观质量评分如图 4-20 所示。

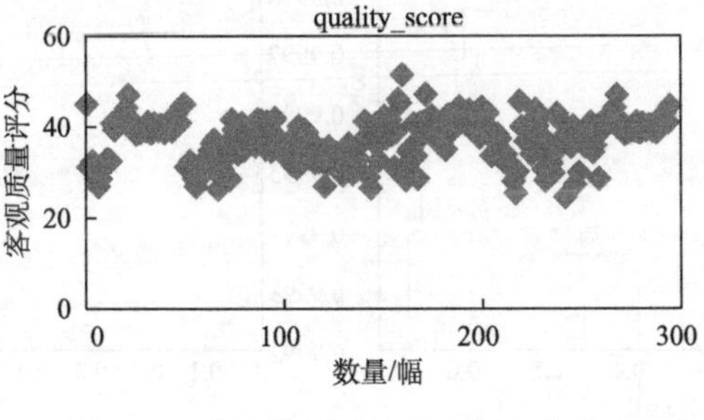

图 4-20 数据集图像客观质量分数分布

采用真阳性率（the true positivc rate）t_{pr} 和假阳性率（false positive rate）f_{pr} 对训练效果进行评价。

所识别出的正实例占所有正实例的比例为

$$t_{pr}=t_p / (t_p + f_n) \tag{4-33}$$

错认为正类的负实例占所有负实例的比例为

$$f_{pr}=f_p / (f_p + t_n) \tag{4-34}$$

图 4-21 是四次训练的 Precision-Recall 曲线图。图 4-21（a）和（b）是交叉验证训练方式获得的 Precision-Recall 曲线图，图 4-21（c）是人工拓展到 590 幅图片后训

练的 Precision-Recall 曲线图，图 4-21(d)是以半监督方式完成的 3515 幅图片训练的 Precision-Recall 曲线图。以上均说明训练效果良好，并且以半监督方式进行的训练结果有效。

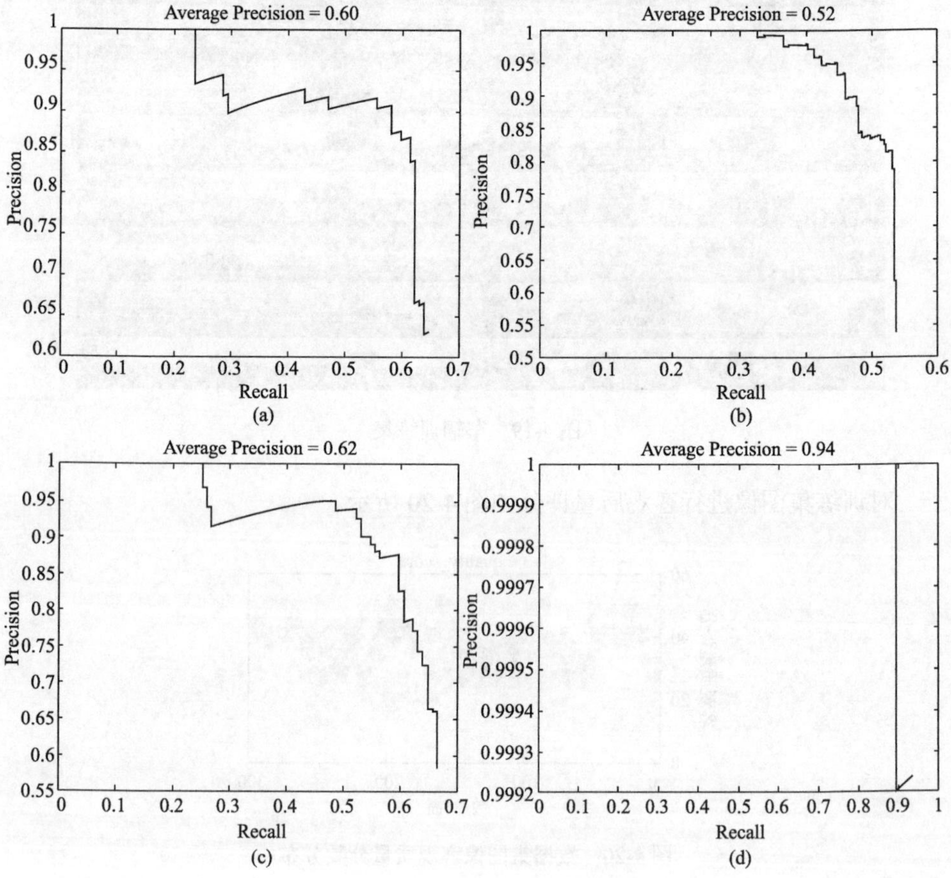

图 4-21　Precision-Recall 曲线图

3. 使用得到的检测器对车辆进行检测并记录结果

首先对该测试集的所有图像进行灰度化处理，如图 4-22 所示，然后利用训练得到的检测器进行检测。

检测结果为检出 286 幅，未检出 9 幅。检出率为 96.95%。如图 4-23 所示，这 9 幅图可以认为是经过灰度化处理后丢失了可检测特征。

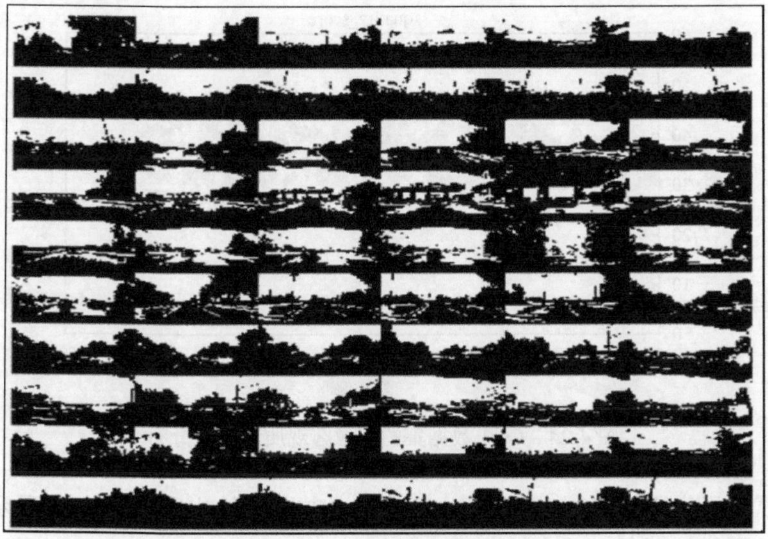

图 4-22　数据集灰度化

图 4-23　未检出的图

4. 使用训练得到的检测器检测公开数据集

Car1 数据集包括 516 幅汽车的正面(车头)及背面(车尾)的图片，尺寸为 128 像素×128 像素，大小为 4～5KB，作为测试集 1，图片客观评价得分的分布如图 4-24 所示。其中分数满分为 100。

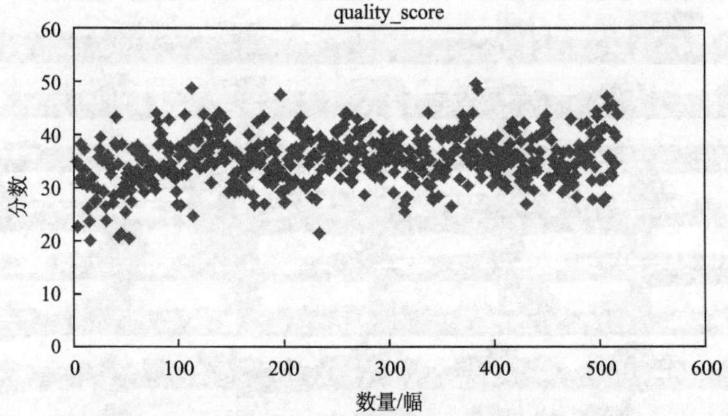

图 4-24　Car1 数据集的图像客观质量分数分布

测试结果为未检出 10 幅，检出率为 98.06%，未检出图如图 4-25 所示。重复检出 8 幅图，如图所 4-26 示。

图 4-25　Car1 数据集未检出的图

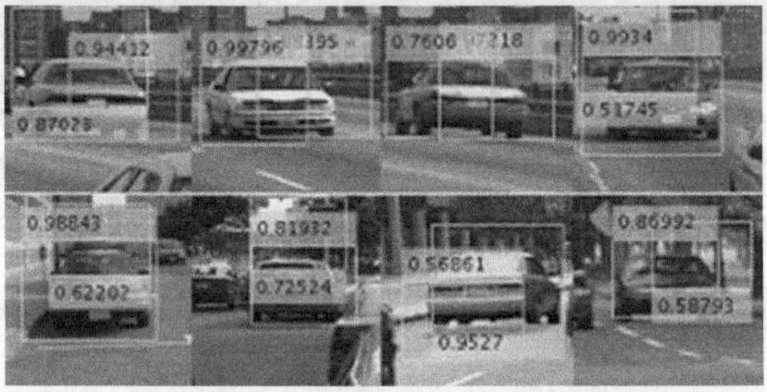

图 4-26　Car1 数据集重复检出的图

未检出图与重复检出图的客观质量评分的分布如图 4-27 所示。其中分数满分为 100，quality_score 为质量评分，undetected 为未检出，be detected repeatedly 为重复检出。

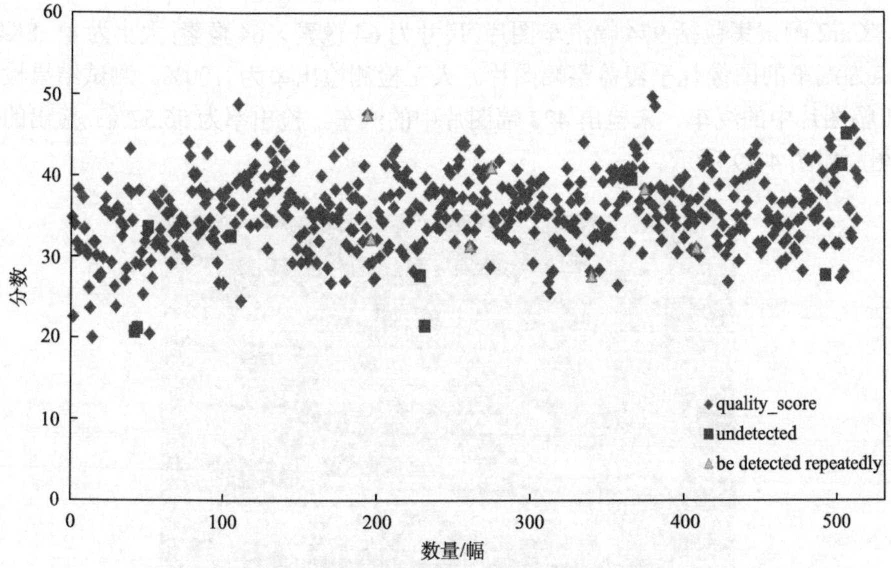

图 4-27 Car1 数据集未检出图与重复检出图的客观质量评分的分布

图像客观质量得分与目标评价得分的二维和三维关系如图 4-28 所示。其中图 4-28(a)为目标评价得分(*Y* 轴，target-score)和质量客观评价得分(*X* 轴，quality_score)的关系。图 4-28(b)体现了目标评价得分(*Y* 轴，target-score)和质量客观评价得分(*X* 轴，quality-score)的整体分布(*Z* 轴)。

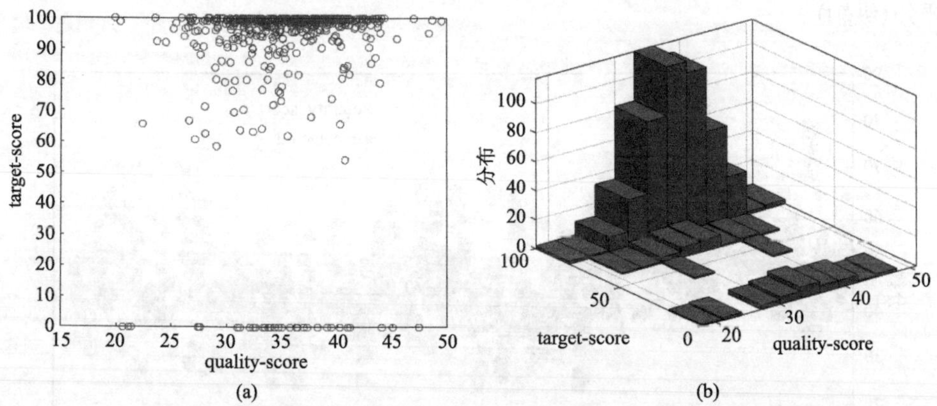

图 4-28 图像客观质量得分与目标评价得分的二维和三维关系

客观质量评价得分为零表示该图片未被检出。从以上实验数据中初步分析可以得出，该数据集客观质量评分呈正态分布，未检出的图片主要分布在图片客观质量评分 40 分以下，占 75%。

Car2 测试集包括 974 幅汽车图片，尺寸为 64 像素×64 像素，大小为 4～8KB，特点为汽车的图像几乎覆盖整幅图片。人工检测检出率为 100%。测试结果检出 551 幅图片中的汽车，未检出 423 幅图片中的汽车，检出率为 56.57%。检出的部分图片如图 4-29 所示。

图 4-29 Car2 数据集检出部分

检出图片与未检出图片的客观质量评价得分的分布如图 4-30 所示。其中正方形表示是未检出图像的客观质量得分（纵轴），菱形代表的是检出图像的客观质量评分（纵轴）。

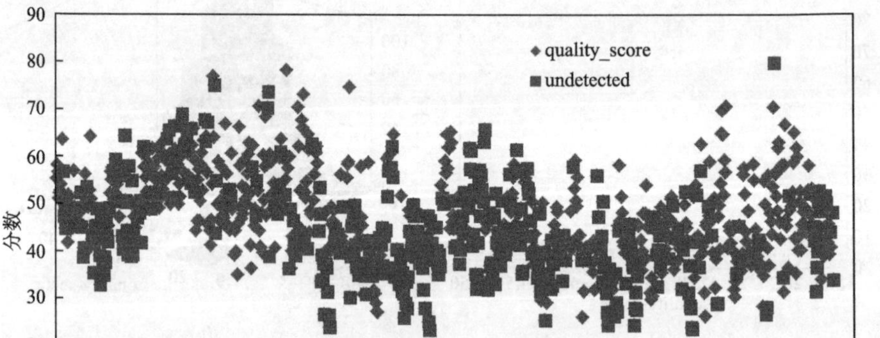

图 4-30 Car2 数据集检出部分与未检出部分的客观评分分布

JPG1 测试集包括 420 幅汽车图片，尺寸为 170 像素×128 像素，大小为 6～12KB，测试结果检出 236 幅，未检出 184 幅，检出率为 56.19%。检出的部分图片如图 4-31 所示。

图 4-31　JPG1 数据集检出图(部分)

Left 测试集包括 975 幅汽车图片，尺寸为 64 像素×64 像素，大小为 6～12KB，测试结果检出 674 幅，未检出 301 幅，检出率为 69.13%。检出部分图片如图 4-32 所示。

图 4-32　Left 数据集检出图(部分)

其中图片质量客观评分的得分与目标得分的关系分布如图 4-33 所示。

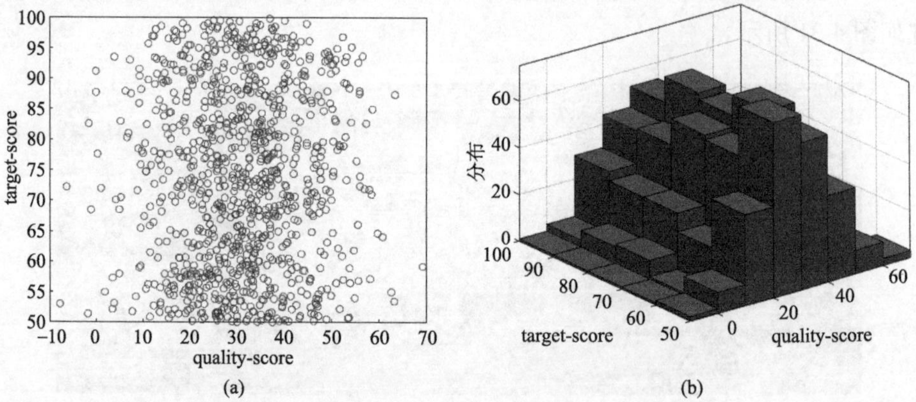

图 4-33　客观评价分数与目标得分的二维与三维关系

MiddleClose 测试集包括 499 幅汽车图片，尺寸为 64 像素×64 像素，测试结果检出 334 幅，检出率为 66.93%，如图 4-34 所示。

图 4-34　MiddleClose 数据集检出图

Right 测试集包括 975 幅汽车图片，图片大小为 64 像素×64 像素，测试结果检出 628 幅，检出率为 64.41%。Right 测试集检出图如图 4-35 所示。

图 4-35 Right 数据集检出图

Cars 数据集含有汽车图片 420 幅，BMP 格式，尺寸为 640 像素×480 像素，每幅图片大约 1MB。此时检测速度下降比较严重，大约 7s 检测一幅图片。并且误检、漏检比较严重。检出 295 幅图片，其中正确检出 141 幅图片。

夜间道路车辆库基于中山大学的夜间车辆检测数据库(nighttime vehicle detection dataset，NVDD)，选择 295 幅图片，JPEG 格式，尺寸为 640 像素×360 像素，每幅图片约 50KB。除了检测速度下降严重以外，检出率也趋近于零。检出图如图 4-36 所示。

图 4-36 NVDD 检出图(含误检)

综合以上数据集，检测器检测效果如表 4-4 所示。

表 4-4 检测器检测效果

数据集	格式	尺寸/像素	数量/幅	检出/幅	漏检/幅	重复检出/幅	误检/幅
Car1	JPEG	128×128	516	506	10	8	1
Car2	PNG	64×64	975	551	423	141	0
Left	PNG	64×64	975	674	301	270	0
MiddleClose	PNG	64×64	500	334	166	99	1
Right	PNG	64×64	975	628	347	227	0
Cars	BMP	640×480	420	295	125	55	154
NVDD	JPEG	640×360	295	3	292	0	5

在数据集规模有限的情况下，初步改进思路有两个：一个是把少量夜间车辆库图片加入白天车辆库一起更新训练；另一个是单独训练夜间模式。

5. 把得分高且不存在误检、漏检的图片分次归入训练集

加入 295 幅测试结果良好的含有车辆的图片，从 Car1 的测试结果中获得。数据集图片 590 幅(简称 D590)，训练集达到 354 幅。对 Car1 数据集(516 幅)进行测试，结果只有一幅图片未检出，如图 4-37 所示，检出率为 99.81%。

图 4-37 Car1 数据集未检出图

对 Car2 数据集进行测试，检出 362 幅，检出率为 37.13%。对 Left 数据集进行测试，检出 531 幅，检出率为 54.46%。对 Right 数据集进行测试，检出 433 幅，检出率为 44.41%。对 MiddleClose 测试集进行测试，检出 246 幅，检出率为 49.2%。对 Cars 进行测试，检出 285 幅，检出率为 96.61%。详细如表 4-5 所示。

表 4-5　D295 与 D590 的检测器效果比较

数据集	尺寸/像素	数量	检出/幅		漏检/幅		重复检出/幅		误检/幅	
			D295	D590	D295	D590	D295	D590	D295	D590
Car1	128×128	516	506	515	10	1	8	37	1	0
Car2	64×64	975	551	362	423	613	141	16	0	0
Left	64×64	975	674	531	301	444	270	45	0	0
MiddleClose	64×64	500	334	246	166	254	99	9	1	0
Right	64×64	975	628	433	347	542	227	35	0	0
Cars	640×480	420	295	308	125	113	55	81	154	215
NVDD	640×360	295	3	141	292	154	0	3	5	72

按照 4.5 节设计的思路把数据集扩大到 3515 幅图像，重新进行训练，查看训练效果如图 4-38 所示。

其中包含 1～10 幅夜间车辆图片，重新训练网络。目的是检验联合训练检测夜间车辆的效果。

按照前面的设计思路，只选汽车全覆盖的图片加入训练集，训练集图片达到 3515 幅。重新训练网络。验证半监督学习方法的有效性。

重新训练的第 2 阶段中，损失率和测准率与迭代次数的关系如图 4-38(a)所示。其中线 a 表示测准率，线 b 表示损失率。损失率与测准率的关系如图 4-38(b)所示。

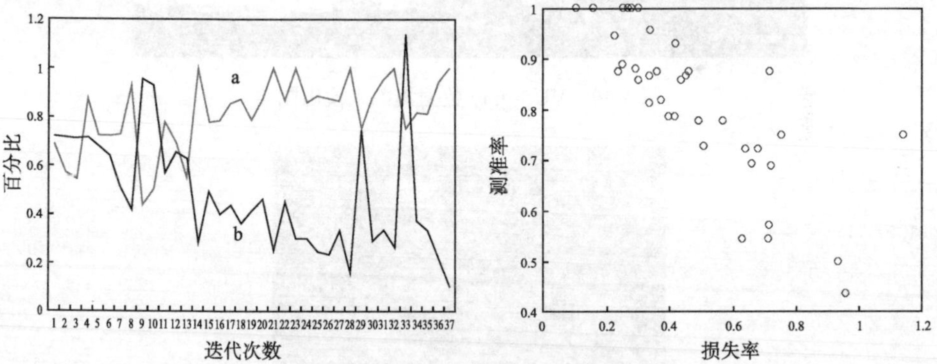

(a)　(b)

图 4-38　训练第 2 阶段损失率与测准率

重新训练的第 4 阶段中，损失率和测准率与迭代次数的关系如图 4-39(a)所示。其中线 a 表示测准率，线 b 表示损失率。损失率与测准率的关系如图 4-39(b)

所示。其该阶段整体趋势平稳，未出现较大振荡。

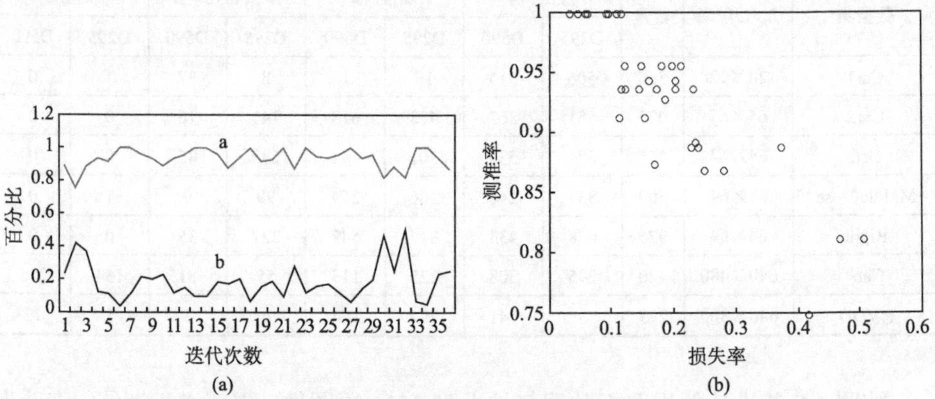

图 4-39 训练第 4 阶段损失率与测准率

使用 D3515 检测器分别对数据集进行检测，对 D295 灰度图检测结果是 2 幅图片未检出，未检出图如图 4-40 所示。NVDD 未检出 1 幅，如图 4-41 所示，检出 294 幅，检出率为 99.66%。但是存在着大量的误检和漏检图片。

图 4-40 VDS-gray 数据集中未检出图

图 4-41 NVDD 数据集中未检出图

D3515 检测器对 Car2(Far) 数据集测试，975 幅测试图片，11 幅图片中的汽车未被检出，如图 4-42 所示。Left 数据集包括 975 幅图片，检出 957 幅，检出率为 98.15%，未检出图如图 4-43 所示。

图 4-42 Car2 数据集中未检出图

图 4-43 Left 数据集中未检出图

三次不同规模的数据集训练的检测器对数据集进行检测，检出率如表 4-6 所示。

表 4-6 检出率比较 （单位：%）

检测集/数据集	D295	D590	D3515
Car1	98.06	99.81	100
Car2	56.57	37.13	98.87
VDS-gray	97	96.61	98.98
Left	69.12	54.46	98.15
JPG1	56.19	69.26	75.48
Right	64.41	44.41	92.62
MiddleClose	66.93	49.2	98.38
NVDD	1.02	47.80	99.66

从对抗性考虑，在某些特殊情况下保证较高的检出率，例如，当摄像头因为颠簸等原因出现偏转时，系统需要在偏转的视频中尽量保持目标的检出率。考察

旋转对检出率的影响，以 Car1 数据集为例，首先将 Car1 数据集的图片顺时针旋转 90°后，使用 D590 检测器对其进行测试，检出率下降到了 62.79%，然后使用 D3515 检测器对其进行检测，检出率下降到了 70.54%，而使用 D295 检测器的检出率只下降到了 87.79%。旋转 180°后，D295 检测器检出率为 97.48%，D590 检测器检出率为 98.26%，D3515 检测器检出率为 98.26%。D295 检测器对旋转 180°后的测试图片进行检测，未检出图片如图 4-44 所示。D590 检测器对旋转 180°后的测试图片进行检测，未检出图片如图 4-45 所示。

图 4-44　旋转 180°后未检出图片(D295)

图 4-45　旋转 180°后未检出图片(D590)

D3515 检测器对旋转 180°后的测试图片进行检测，未检出图片如图 4-46 所示。同时使用 Resnet50 和 VGG19 分别对 Car1 数据集进行检测，训练数据集基于 VOC2007 与 VOC2012，检出率分别为 99.03%和 98.44%。基于 VGG19 分别对旋转 90°、180°和 270°后的图片进行检测，出现了大量的误检图片，共正确检出 5

幅图片，另外大量误检为人、火车、瓶子等，其余图片未检出。经过分析，原因在于 SSD 算法识别目标种类较多，在抗旋转方面，因为存在较多的类别特征竞争包括矩形框尺寸特征等，导致识别率有较大波动。

图 4-46　旋转 180°后未检出图(D3515)

对 VGG19 重新进行训练，识别类别简化为汽车(Car)一类后，重新对旋转图片集进行检测，结果证明检出率有所回升，尤其在 90°与 270°处，如表 4-7 中 VGG19(Car)项所示。该情况的产生与图 4-11 中固定窗口的高宽比有最直接的关系。

表 4-7　图片旋转后的检出率比较　　（单位：%）

检测器	顺时旋转 0°	顺时旋转 90°	顺时旋转 180°	顺时旋转 270°
D295	98.06	87.79	97.48	89.53
D590	99.81	62.79	98.26	58.91
D3515	100	70.54	98.26	69.57
VGG19	98.44	0.38	53.49	0.58
VGG19(Car)	91.28	41.86	89.53	52.52

由以上得出提高检出率的方法之一是可以赋予检测器特定的任务，使其检测过程在特定的场景下，即有上下文关系[124]，在特定的时间、特定的检测区域内，检测特定的内容。该方法不是简单理解为检测识别过程的简化，而应该是任务强化。即减少特征竞争的同时，强化极弱局部特征在特定时间、空间下的整体和连续累积效应。

另外，对 KITTI 的车辆检测数据集分别进行检测，该数据集中的图片均为车载前置摄像头采集的道路实景图片，尺寸为1242像素×375像素。3515数据库检测结果与295数据库检测结果比较如图4-47所示，其中图4.47(a)是295数据库训练得到的检测器D295的检测结果，图4.47(b)是3515数据库训练得到的检测器D3515的检测结果。

(a) D295　　(b) D3515

图4-47　结果比较

从数据驱动角度分析，使用295数据库训练的结果D295，误检了3个目标，漏检了1个前方同车道目标，正确检测了高速路对向车道的2个目标；使用3515数据库训练的结果D3515，误检了4个目标，漏检了1个前方对向车道目标，正确检测了高速路对向车道的1个目标和前方同向车道1个目标。从任务驱动的角度分析，使用295数据库训练的D295检测器检测该图片，没有达到驾驶任务需要的检测目标，没有检出前方同车道车辆，而使用3515数据库训练的检测器D3515检测该图片，结果达到了驾驶任务需要的检测目标，即检出前方同车道车辆。

类似情况大量的出现，部分结果对比如图4-47所示。可以直观地看出，大量的检出和误检出现在与驾驶任务无直接关系的区域部分。

根据以上实验数据的比较，得到的初步结论是扩大数据集的规模的确可以提高本网络的检出率，但是伴随着检出率的提高，也出现了大量的误检。从综合训练集和检测集来看，检出率提高到了90%以上，同时误检率提高了5～8倍。负样本训练肯定是一种有效方法，但是经过统计，以上数据集91.85%的误检都是出现在与驾驶任务无关的区域(此处驾驶任务驱动的感兴趣区域划定方法参见第5

章)。仅仅对驾驶任务的感兴趣区域进行划定，就可以滤除对非感兴趣区域的检测，大大降低这部分造成的误检率，同时降低了检测任务量，提高了检测效率。

算法车辆识别性能对比如图 4-48 所示。

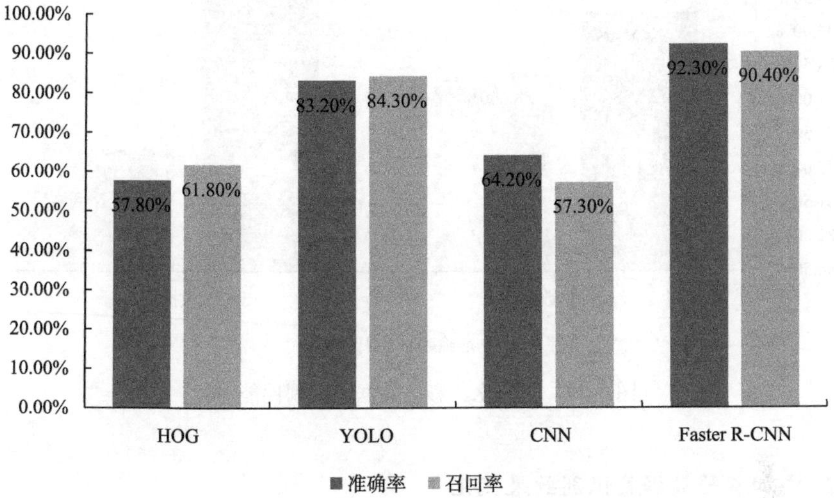

图 4-48　算法识别性能对比

如图 4-48 所示，HOG 算法的车辆识别准确率是 57.80%，召回率是 61.80%；YOLO 算法的车辆识别准确率 83.20%，召回率是 84.30%；CNN 的车辆识别准确率为 64.20%，召回率为 57.30%；Faster R-CNN 的车辆识别准确率是 92.30%，召回率是 90.40%。

可以看出，Faster R-CNN 的准确率、召回率较高。但需要补充说明的是，实时性与 YOLO 或 SSD 等还有较大差距。

为优化车辆识别系统识别效果，通过修改数据集进行实验，测试对识别效果的影响。实验方案分别对灰度化数据集和添加旋转元素后的数据集进行处理。

4.7.1　车辆检测优化

1. 灰度化数据集识别效果优化

对比彩色数据集和灰度化数据集训练出两个模型的检测效果。灰度化、彩色数据集识别性能的对比如图 4-49 所示。

使用灰度化数据集训练的车辆识别系统识别车辆准确率是 84.30%，召回率是 83.40%；使用彩色数据集训练车辆识别系统准确率是 85.20%，召回率是 82.30%。可以看出，彩色数据集训练模型略强于灰度数据集训练模型，但十分有限。可以认为以色彩为特征，在以轮廓为主要特征基础上提高的车辆识别准确率有限。

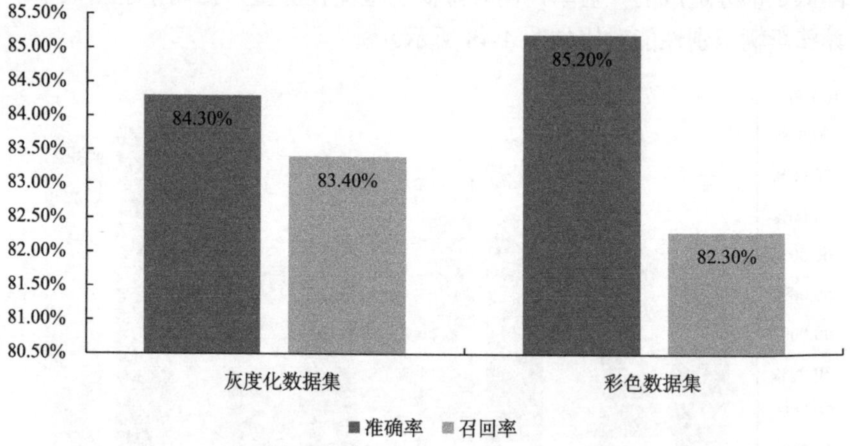

图 4-49　灰度化、彩色数据集识别性能对比

2. 添加旋转数据集识别效果优化

在车辆识别过程中，前方车辆一般情况下是正立的情况，但在极少数情况下，如摄像头偏转或者车辆翻转等原因，视频中的车辆可能发生倒立或者旋转一定角度，这时就需要保证分类器也能把非常态的车辆识别出来。为了保证识别效果，实验在数据集中添加了旋转的车辆数据，优化训练模型。同时测试时，加入了部分旋转的车辆测试数据，以检验测试效果。

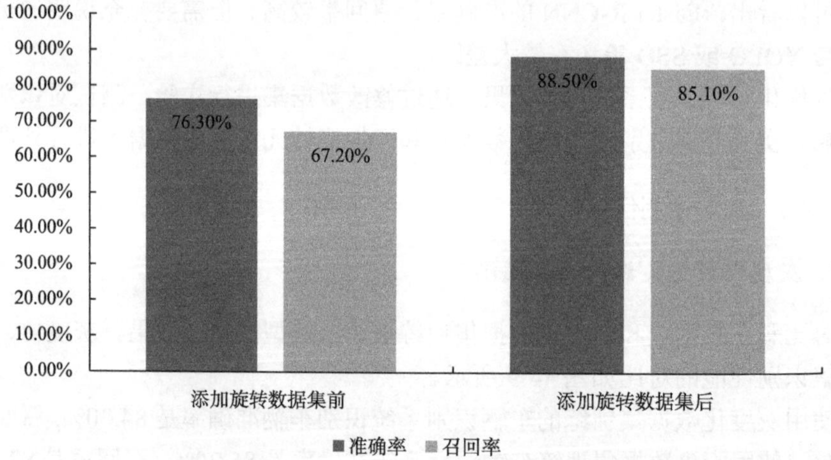

图 4-50　添加旋转数据前后车辆识别性能对比

添加旋转数据前后车辆识别性能对比如图 4-50 所示。添加旋转数据集前的车辆识别系统车辆识别准确率为 76.30%，召回率为 67.20%；添加旋转数据集后的车辆识别系统车辆识别准确率为 88.50%，召回率为 85.10%。可以看出，加入旋转数据后，准确率与召回率均都有了较大的提升。因此，在特殊情况下也能保障检测效果，提高了系统实用性。

3. 夜间-日间数据训练优化

通过实验，直接使用日间数据训练得到的车辆识别系统对夜间车辆识别的准确率为 17.3%，召回率为 20.4%。而在训练中加入夜间车辆数据后，得到的车辆识别系统识别夜间车辆的准确率为 58.7%，召回率为 52.3%，两者均有大幅提升。

但在训练中加入夜间数据后，得到的车辆识别系统识别日间数据的效果有一定负面影响，实验结果如图 4-51 所示。

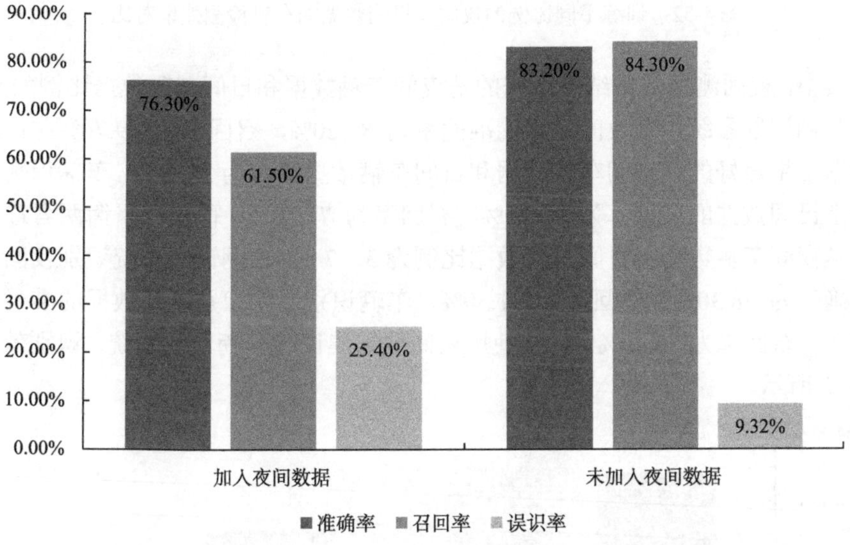

图 4-51　加入夜间数据前后车辆识别系统识别日间车辆对比

加入夜间车辆数据后，车辆识别系统识别日间车辆的准确率和召回率对比未加入夜间数据的车辆识别系统均有所下降，同时测试中加入夜间车辆数据后车辆识别系统识别日间车辆误识率有所上升。

实验首先混合了不同比例的夜间车辆数据和日间车辆数据，然后经过训练得到车辆识别系统检测器，测试了识别夜间车辆和识别日间车辆的准确率与召回率，如图 4-52 所示。

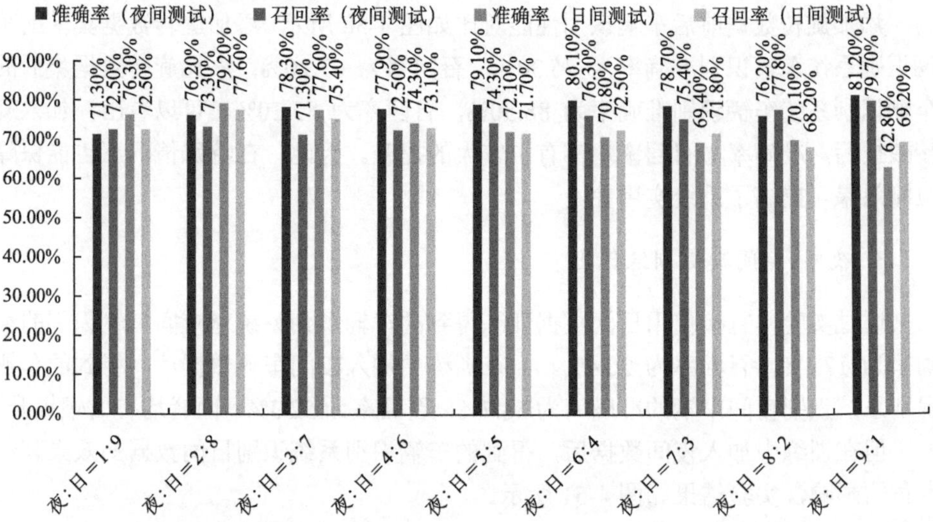

图 4-52 训练不同比例的夜间、日间数据的车辆检测效果对比

其中，夜间测试数据结果最好的是夜间车辆数据和日间车辆数据比例为 9：1 时，车辆识别系统识别夜间数据的准确率为 81.20%，召回率为 79.70%；日间测试数据结果最好的是夜间车辆数据和日间车辆数据比例为 2：8 时，车辆识别系统的识别日间数据的准确率为 79.20%，召回率为 77.60%；而相对平衡两者最佳的结果是夜间车辆数据和日间车辆数据比例为 3：7 时，车辆识别系统识别夜间数据的准确率为 78.30%，召回率为 71.30%，车辆识别系统识别日间数据的准确率为 77.60%，召回率为 75.40%。直接使用夜间数据集训练车辆识别系统，识别效果如图 4-53 所示。

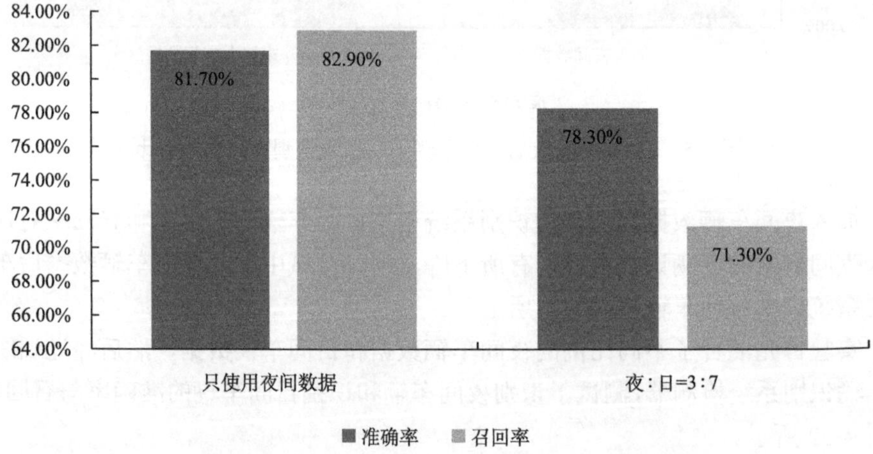

图 4-53 车辆识别系统识别夜间数据效果对比

单纯使用夜间车辆数据集训练车辆识别系统，在进行夜间车辆识别后，车辆识别系统识别夜间车辆的准确率为 81.70%，召回率为 82.90%；混合夜间、日间数据比例为 3∶7 时，训练的车辆识别系统识别夜间车辆的准确率为 78.30%，召回率为 71.30%。也就是说单纯使用夜间车辆数据集训练车辆识别系统，识别夜间车辆的识别效果优于混合夜间、日间数据比例为 3∶7 时训练的车辆识别系统。

综合来看，在日间车辆数据加入夜间数据可以提高夜间车辆识别效果，但比单纯夜间车辆数据集训练的模型效果差；加入夜间车辆数据后，日间数据测试性能有所下降。在夜间由于光线不足等，夜间车辆的视觉特征与日间车辆视觉特征有很大不同。光线充足的日间车辆的识别很大程度上与车辆轮廓、颜色等有关，而在夜间光线不足的情况下，车辆的轮廓及颜色等特征难以辨认，夜间车辆的灯光，如车头灯、轮廓灯等，成为识别夜间车辆的主要特征。

可以认为，单纯使用夜间车辆数据集训练测试夜间数据是可行的。所以在实际使用中，可以分状态进行检测。也就是说，首先对日间或夜间状态进行判断，根据不同的时间状态启动不同的检测器。这样在不同条件下使用不同的检测器，可以达到各自模型的最优效果。

日间或夜间状态的检测，可以依据光线变化来判断，多次实验设定光线的阈值，从而进行日间、夜间状态的划分，然后分状态启动检测器。但在实际使用环境中，会出现如光线传感器被遮挡或通过桥洞等特殊情况，日间、夜间的准确判断是实际使用中的一个具体问题。总之，通过以上实验，结论是分状态识别可以获得不同环境下车辆的最佳识别效果，是值得考虑的具有应用价值的优化方向。

4.7.2　行人检测优化

实际生活中，行人有可能不以垂直于平面的方式呈现在驾驶视觉场景中。如突发事件中的行人躺倒在路面，或者车载摄像头以大角度出现偏移旋转，致使画面偏置等。

实验中假定行人水平或者倒置出现在场景中。使用 MIT、INRIA、USC 等数据集用相同的网络结构训练出的检测器，对经过逆时针旋转后的测试集进行检出率统计。每种检测集包含正样本图片 2199 幅，负样本图片 1308 幅。结果如表 4-8 所示。检测器对经过旋转后的测试集的检出率与原来相比有了较大幅度的降低。

表 4-8 检测器旋转——检出率指标

检测器	旋转角/(°)	精确率/%	召回率/%	漏报率/%	虚警率/%	特异性/%	错误正例率/%
MIT	0	69.02	97.04	38.57	2.96	26.76	73.24
	90	62.89	99.59	58.57	0.41	1.22	98.78
	180	64.54	99.82	52.50	0.18	7.80	92.20
INRIA	0	81.83	96.45	15.92	3.55	63.99	36.01
	90	59.78	87.28	59.28	12.72	16.73	83.27
	180	75.88	90.26	23.70	9.74	51.76	48.24
USC	0	75.52	93.99	24.77	6.00	48.78	51.22
	90	59.64	82.93	65.91	17.06	3.74	96.25
	180	71.61	91.76	31.67	8.23	38.83	61.16

普遍的检测方法的整个流程如图 4-54 所示。针对此类检测目标提出两种不同角度的改进方式。

图 4-54 普遍的检测方法

第一种方法，在不改变训练集(即检测器不变)的基础上，对测试集预先进行处理。将样本进行旋转，并对其进行多次检测，整个流程如图 4-55 所示。

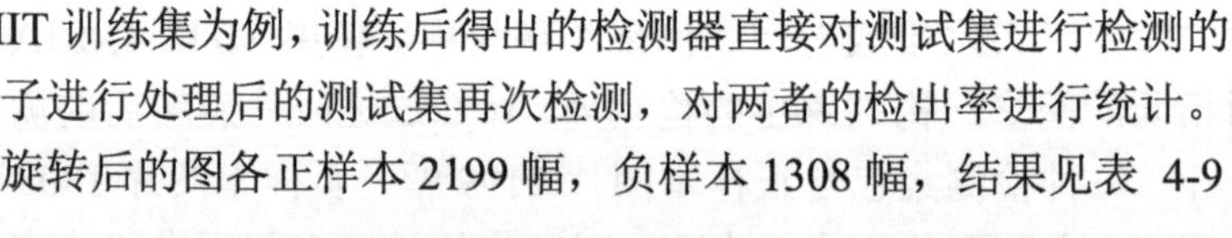

图 4-55 提前改变检测图像的检测方法

以 MIT 训练集为例，训练后得出的检测器直接对测试集进行检测的同时对加入旋转因子进行处理后的测试集再次检测，对两者的检出率进行统计。测试集包含原图、旋转后的图各正样本 2199 幅，负样本 1308 幅，结果见表 4-9 所示。

表 4-9 提前改变检测图像的检测器——检出率指标

测试方法	精确率/%	召回率/%	漏报率/%	虚警率/%	特异性/%	错误正例率/%
原始	0.6964	0.7672	0.3255	0.2328	0.4377	0.5623
旋转因子	0.6281	1	0.5905	0	0.0046	0.9954

由表 4-9 可以看出，经过旋转的测试样本精确率并没有得到提升，在检测的同时会出现大量的误判。

第二种方法，添加训练集样本，对原始训练集进行扩充操作。

(1)将平躺行人加入原标签。将其逆时针旋转 90° 后的训练集加入原训练集标签中进行训练，用得出的检测器对样本进行检测，整个流程如图 4-56 所示。

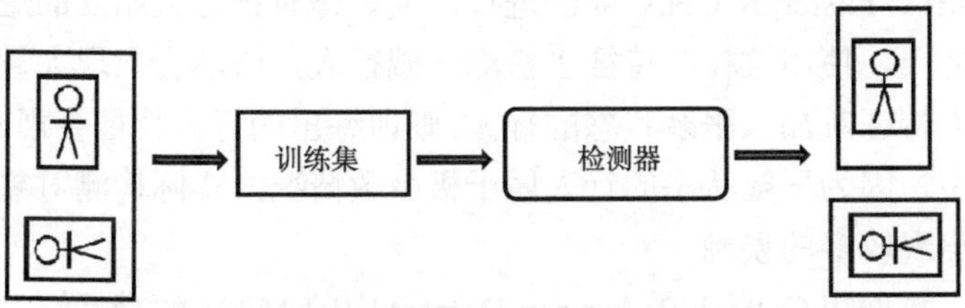

图 4-56　将旋转对象加入原标签的检测方法

将 MIT 训练集图像逆时针旋转 90° 后的 924 幅行人图片样本加入原始训练集。训练后得出的行人检测器与原始检测器分别进行检出率等的数据统计，如图 4-57 所示。测试集包含原始数据集以及原始数据集经过旋转后的正样本 2199 幅，负样本 1308 幅。测试结果如表 4-10 所示。

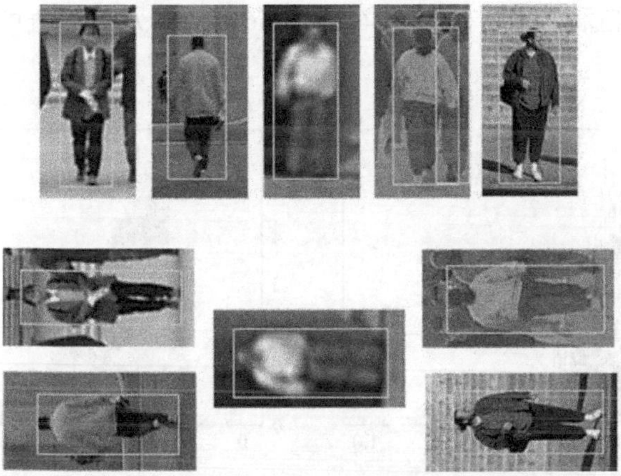

图 4-57　MIT 训练集逆时针旋转 90° 示例

如表 4-10 所示，将平躺行人的样本加入训练集的行人标签中，即将平躺行人的特征加入行人特征后，检测精确率有所降低。

表 4-10 旋转对象加入后的检测器——检出率指标

测试方法	精确率/%	召回率/%	漏报率/%	虚警率/%	特异性/%	错误正例率/%
原始	69.64	76.72	32.55	23.28	43.77	56.23
加入旋转	60.36	76.06	58.37	23.94	16.02	83.98

由于原始的 Faster R-CNN 算法进行深度训练时把行人站立的矩形特征融为行人的特征之一，使用这样的特征去检测平躺行人，必然会出现大量漏判。考虑如果训练行人特征时加入平躺状态的行人，则训练出的行人特征会规避站立特征。在实际检测中，因为平躺状态的行人属于极少数情况，实际检测对象多为站立行人，所以会出现较多的误判。

选择行人数据集 Caltech Pedestrian Dataset 中的 16334 幅带标注的站立行人图像进行统计分析。图 4-58(a)展示了站立行人宽高比的分布特征，横轴为每个标注(bounding box)的宽高比值，纵轴为每个标注宽高比值在数据集中的统计百分比。其均值和方差分别为 0.398 和 0.013。从图 4-58(a)可以得知，训练数据集中的站立行人的宽高比在 0.398 附近呈微浮动状态，并且符合正态分布的基本特征。对站立行人的宽度进行统计分析，分布特征如图 4-58(b)所示，横轴为每个标注实际宽度像素值(单位为像素)，纵轴是每个标注实际宽度像素值在数据集中的统计百分比。其均值和方差分别为 26.625 和 562.418。从方差值可知站立行人的宽尺度变化较大。

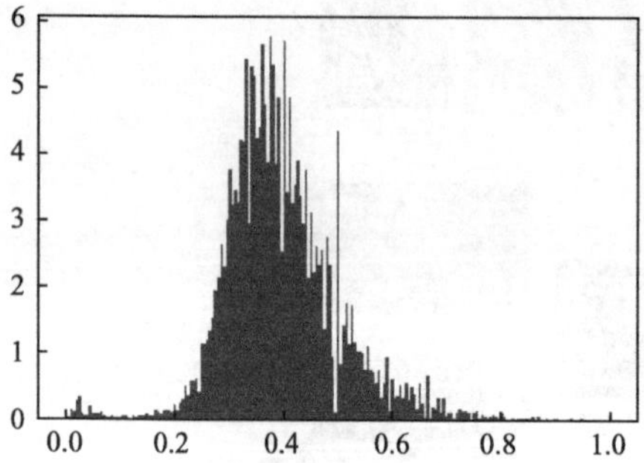

(a) 站立行人的宽高比

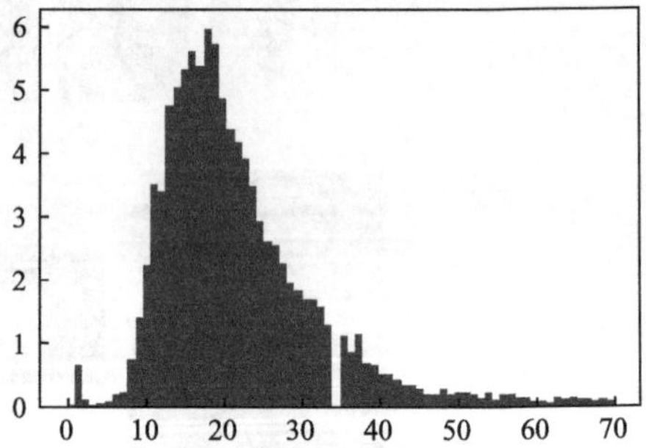

(b) 站立行人的宽尺度

图 4-58 站立行人的宽高比和宽尺度分布图

(2) 为平躺行人新建一个标签。在原训练集中(站立行人 person)将平躺行人样本进行标注，新建一个标签(Lay_person)，并通过得到的检测器对样本进行检测，流程如图 4-59 所示。

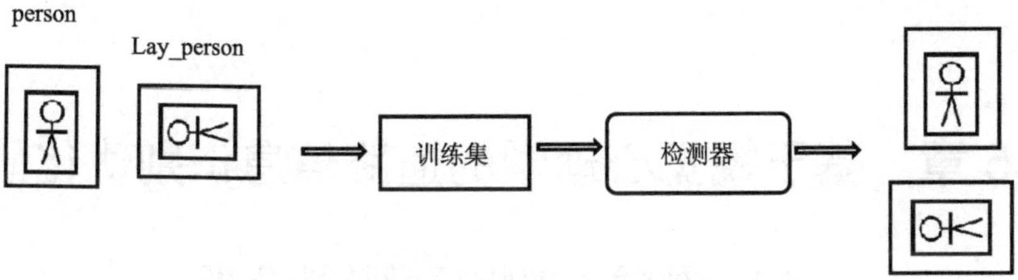

图 4-59 将旋转对象新建标签的检测方法

该方法检测情况与检测器逆时针旋转 90°效果基本一致，优点是单独分类可以方便进行优先级的划分，考虑到在实际驾驶场景下检测出平躺行人时，一般是紧急状态，此状态下应该优先向驾驶员预警。不足之处是类别的增加会导致精确度有所下降，训练时间开销增大。

4.8 本章小结

本章首先对常用数据集进行了介绍和分析，然后提出一种改进的基于双注意机制的 Faster R-CNN 算法，设计一个深度卷积神经网络对车辆和行人进行检测，使用车辆数据库并在此基础上提出一种半监督方式的扩展库方法。通过大量的数据集对不同规模训练库得到的检测器进行检测，结论是扩充训练库规模可以在监督学习模式下提高检出率，但是同时会有大量的误检情况出现。经过数据比对，使用双注意机制的感兴趣区域方法能够在降低计算量的基础上有效地降低误检率，分别做了车辆检测和行人检测的优化讨论，分析对比深度学习方法在提高车辆检测和行人检测中的效果，并给出结论。其中车辆检测重点探讨和对比车辆日间数据和夜间数据的训练与检测，并给出解决方案。行人检测引入旋转因子解决特殊情况下的行人检测问题，进行不同方案的训练对比后给出初步结论。

第 5 章　基于视觉心理学的道路信息识别优化研究

5.1　视觉心理物理学特性分析

5.1.1　视觉的组织性分析

知觉组织(perceptual organization)是指在感知过程中对原始信息进行有选择的加工处理。视觉的组织性保证了视觉选择过程有组织、系统化且合乎逻辑而不紊乱。视觉的组织性主要体现在以下几个方面。

(1)相似性(similarity)。在视觉场中多种刺激物同时存在时，各刺激物在某方面的相似性(大小、颜色、形状等)将导致它们被归为一类的心理倾向。例如，在繁华街道的十字路口附近的广告灯及某些反射平面等，尤其在夜间容易与红绿灯产生混淆，如图 5-1 所示。

图 5-1　夜间灯光的干扰

(2)接近性(proximity)。即对道路信息场中某些距离较短或互相接近的刺激物，驾驶员容易将其看成整体的心理倾向。这种接近性心理趋势在社会学习过程中有积极的作用，但是在道路信息场下经常会带来不利的影响，如图 5-2 所示，标记框内显示的是前方的大客车顶部与前方的小客车尾部的叠加，当两车某时段内相对静止地运动时，容易引起后车驾驶员接近性心理趋势。若此时驾驶员以顶部灯光(实为大客车)作为前车参照物，而真正的前车——小客车又恰恰减速，驾驶员在修整判断过程中极易造成心理紧张而失误。所以需要通过辅助系统，帮助驾驶员快速准确地识别出刺激物，克服接近性心理倾向，从而达到安全驾驶的目的。

图 5-2　接近性实例

(3)封闭性(closure)。视觉对象虽然各有其可供辨认的特征，但仅凭此特征不足以确定对象间的关系，视觉主体往往运用自己的经验主动为之补充(或减少)对象之间的关系，以便获得有意义的或者合乎逻辑的解释。

5.1.2　视觉的相对性

视觉过程不只是眼睛对外界的反应，同时是一种心理过程。视觉的相对性(relativity)体现在视觉感知的结果，不仅取决于刺激本身，同时还受经验、对比、情绪、环境等影响。典型的是前景与背景的对比。一般情况下，前景是指在驾驶过程中出现的具体视觉刺激物，为驾驶视觉关心的主体，背景是与前景相关的其他刺激。如果没有明显的关心对象，也就是没有前景的刺激和对比，只有相对变化较弱的背景，这样往往会产生很弱的视觉感知。只有形成前景与背景的明显对比，特别是当观察者对前景比较熟悉时才能给人以明显的刺激。例如，在车辆稀少的高速路上，如图 5-3 所示，驾驶员因为没有持续接收到视觉注意的刺激，容易产生视觉疲劳，视觉感知能力降低。

图 5-3　车辆稀少的路面

5.1.3 视觉的选择性

在特定时间内，由于学习与经验的不同，不同的人只能选择性地感受少量刺激，而对其他事物只做模糊的反应。影响视觉选择性(selectivity)的因素有刺激的变化、对比、位置、运动、大小等客观影响因素，以及经验、情绪、动机、兴趣等主观影响因素。驾驶员在驾驶过程中能够注意到前方道路上行驶的车辆和路面上的行人，但是对前方过街天桥上的行人往往视而不见，就是由于人类视觉具有选择性。这种视觉的选择性差异很明显地体现在驾驶经验不同的驾驶员身上。又如，有经验的驾驶员在高速路及路况比较复杂的公路上行驶，大都愿意保持安全距离的情况下跟随前车驾驶，这样能够把注意力集中在前车，同时能提前获得更多的道路信息，如前方道路的颠簸状况、前方道路的变化情况等。

5.1.4 视觉的整体性

当人感知一个自己熟悉的对象时，只要感觉了它的部分属性或个别主要特征，就可以凭经验知道它的其他属性或特征，从而整体感知它。这就是视觉的整体性特点，其实质是基于经验信息的外延。该特性有可能对驾驶行为有积极的辅助作用(如第 2 章的车道线生成检测等)，但也有可能引入错误的信息感知，导致在交通驾驶中出现危险状况。视觉的整体性特点也是造成驾驶员误判的原因之一。所以说，看到的其实并不是真实看到的，而是真实看到的信息加上个体基于经验信息的外延。

5.1.5 视觉误差

视觉误差包括人(驾驶员)-机视觉误差和只有人(驾驶员)才会产生的独立视觉误差。人-机视觉误差出现在信息缺失较严重的情况下，如图 5-4 所示(三维空间)。独立视觉误差出现在信息无明缺失的情况下，由视觉心理、思维惯性等原因导致人(驾驶员)无法对物体进行正确的判断和信息提取，如图 5-4 所示。

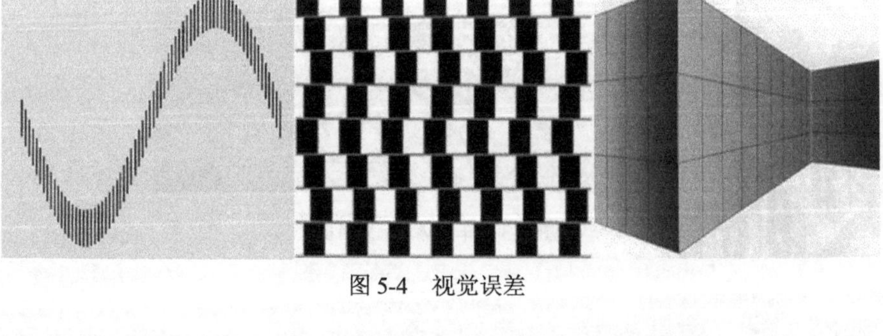

图 5-4 视觉误差

在假定图 5-4 为二维图的前提下，没有经过训练的普通人很容易判断竖线是不等长的，但实际是由竖线长度相等的图案构成的。这种错误的判断是人的视觉特点决定的。描述如下：

$$L_v=L_r+L_c+L_t \tag{5-1}$$

其中，L_v 表示人通过视觉感觉到的竖线长度；L_r 表示该竖线真实的长度；L_c 表示人的视觉心理影响的长度修正；L_t 表示非视觉的思维惯性对长度影响的长度修正。

因为视觉心理上，人们的“比较对象”往往产生视觉偏移，在整体和局部之间进行不由自主的变换，导致 L_c 产生较大变化而判断失误。非视觉的惯性思维是建立在视觉信息基础上的对经验的一种强制沿袭，即使与目前的具体情况并不吻合。例如，人们可能会忽略二维图的前提，把三维空间的视觉经验引入对图 5-4 的判断。经过提醒和一定训练，人们可以不断修正 L_c 和 L_t，从而让自己的视觉感受的长度不断接近实际长度。

为了在驾驶过程中能够及时对实际距离进行修正，在高速公路上每隔一段距离设有标示牌供驾驶员进行距离识别，如图 5-5 所示。

图 5-5　高速路上的距离标示牌

研究如下过程，假设某人在持续注视着自己熟悉的一个朋友 A 由近及远地走，他对这个朋友 A 的视觉信息获取主要是其身影在自己的可视区域越变越小，条件允许的话，直到超出视距范围。在超出视距范围前，某人视觉心理的连续性使得自己能够认定这个关注的人是 A。其实当提取到的视觉信息已经不足以单独识别出人的类型时，利用了视觉心理的整体性和连续性特点，不自觉补充了达到精准识别所需但实际已经不具备的视觉信息。另外，当前获得视觉信息的来源是可靠的，是某人自己已经“认证”的，当然有充分的理由可以通过这种“认证”把有限的视觉信息量进行基于“认证”的拓展，以达到“识别”的要求。

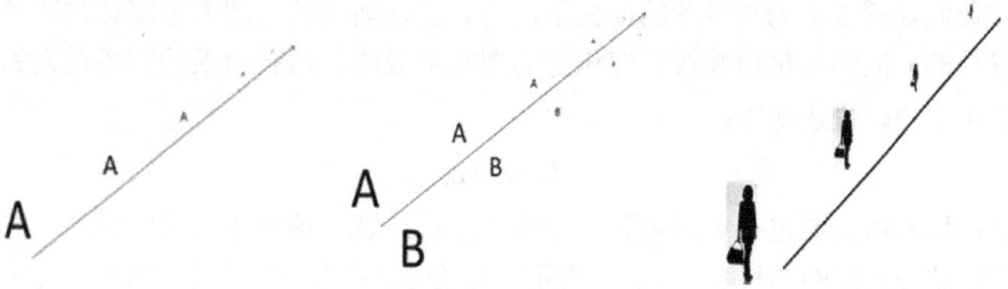

图 5-6　人逐渐走远的示意图

人的基于视觉的精准识别就是通过视觉去判断辨别出对象具体是谁，包括人脸识别、动作识别、肢体识别和形体识别。人脸识别要求识别对象距离比较近，可以捕捉到脸部清晰的视觉特征。加州理工学院的神经科学家 Tsao 和 Chang 使用功能性磁共振成像（fMRI）实验证明每个脸细胞的调谐都是面部维度的组合，是一个整体的系统，大概需要 50 个维度来识别一张脸。动作识别主要通过步态和特定动作特征进行识别，需要连续视频信息。肢体识别主要依据四肢的特征进行识别。形体识别则通过躯干、四肢和头部的组合特征进行识别。当然还有如虹膜识别、指纹识别等，但是它们大都需要借助特殊的仪器设备进行生物特征采集和处理才能完成。人的基于视觉的类型识别是通过视觉辨别人的年龄、性别等类型，包括男、女、老、幼等。基于视觉的人的类型识别，其任务是通过视觉辨别出有限信息的对象是否是人。这也是本书重点考虑的方向之一。

汽车在行驶中记录的道路视频信息基于驾驶任务驱动，分为有用信息和无用信息。有用信息是指对其他驾驶员提供驾驶行为支持的信息，包括车辆、行人、路况等。无用信息是在记录道路视频信息时加入的干扰噪声，包括影射信息、玻璃上的污迹等。

图 5-7 显示的稳态噪声信息对本车驾驶员影响较小，但引入共享信息会产生问题：一是其中可能包含了本车驾驶员不愿意共享的个人信息，如图 5-7 中在前挡风玻璃上显示的出入证光影信息；二是本车影射会对共享的道路信息产生干扰。

图 5-7　光影信息

前置摄像头的摆放位置与驾驶员眼睛有一定距离，位置的差异导致所获得的视频信息与驾驶员视觉信息有所差异，一般情况下可以忽略不计。但在进行道路信息识别过程中，尤其涉及有精确要求的信息时，应该考虑到这种差异，并在以驾驶员为中心的信息处理中进行修正，使得视频信息处理结果既能满足驾驶员实时信息的增强，又能做出准确的判断参考。例如，驾驶位为左侧的汽车驾驶员，其视觉捕捉到的侧后方超车信息比前置摄像头要早，假定侧后方超车相对本车速度为 ΔV，驾驶员眼睛与摄像头在正前方的投影距离为 S_e，忽略驾驶员差异及视频信息处理时间，那么捕捉到侧后方超车信息的时间差为

$$\Delta t = S_e / \Delta V \tag{5-2}$$

显然，当侧后方以接近本车速度超车时，这种驾驶员与前置摄像头的差异不可以忽略。另外，驾驶员眼睛与摄像头存在的位置差异，还导致了驾驶员真实视觉与车载视频的效果差异。例如，视频记录中存在着“光影”，它是由摆放在工作台的物品在光线的反射下投影到前挡风玻璃上的效果。但是因为位置和视角的差异，驾驶员在正常的驾驶过程中并未感受到该信息，或者没有强烈地感受到。

光影效果在视图上并未完全遮盖路面信息，人可以通过视觉心理整体性等能力经过一定训练快速滤除光影效果，从而获得准确的路面信息，目前的一些“抬头显示器”是可以滤除的光影信息来展示有用信息，如车速、油耗、地图等，把驾驶员可能感兴趣的信息集中在一个可视范围内。但是如果驾驶员在紧张状态下，往往会受到光影效果的负面影响。

当驾驶员突然受到外部刺激(如强烈的光线等)时，第一反应大都是减慢驾驶速度，因为此时通过眼睛感受到的道路前景信息已经被强烈的道路背景(光线)刺激干扰，无法及时准确地获得原有应获得的道路信息，驾驶员进入短时间的“盲驶”状态。虽然这个时间虽然很短，但是会给驾驶员的心理造成很大影响，甚至有些驾驶员会手忙脚乱，出现操作失误而导致事故。在光线方面，对驾驶员影响最大的是平行或接近平行于路面的强烈光线，包括日间的直射或反射的太阳光和夜间对面行驶汽车的持续远光。在这类强光的刺激下，驾驶员的心理会产生短时的巨大波动。

从视觉心理学角度来说，驾驶员看到的场景主要是通过视觉器官引起一系列心理机理反应后得出的。不同驾驶经验的驾驶员或者同一驾驶员在不同的心理状态下对于相同的道路视频信息，可能会得出不同的结果[125]。表 5-1 对比机器视觉展示了驾驶员视觉特性影响驾驶员判断的经典案例。

表 5-1 视觉心理特性影响

视觉特性	视觉事例	驾驶员	机器
当多种刺激物同时存在时，产生混淆	夜间灯光变换时，产生颜色误区	受影响	不受影响
视觉感知受背景环境影响	行车背景长期没有变化时，易使驾驶员视觉感知能力降低	受影响	不受影响
视觉感知会因主观因素自动选择注意区域	行车过程中，注意力集中在需要关注的范围中，忽略不会造成干扰的因素	受影响	不受影响
视觉误差	将三维空间的视觉经验代入二维图像	受影响	不受影响
	对前挡风玻璃的映射信息、污迹难以分辨	不受影响	受影响

5.2 视觉注意机制

对视觉注意的研究集中在对预注意阶段的建模。存在两种对预注意阶段的视觉处理过程的描述。

(1) 自底向上(bottom-up)结构。该结构仅仅依靠视觉刺激的显著性来决定哪里应该被注意，对内容并不关心，是一种低级的数据驱动的视觉注意机制。

(2) 自顶向下(top-down)结构。该结构受到认知与意识的控制，继而指引眼睛去注意可能感兴趣的区域，是一种视觉处理任务驱动的、高级的视觉注意机制。

1998 年 Itti 和 Koch 提出了 Itti 模型，它是一个模拟生物体自底向上的选择性注意机制的、基于仿生学方法的计算模型。首先提取图像的底层特征，包括亮度、颜色和方向，然后通过模拟人类视觉心理和生理学特性计算，获得与原图像空域位置对应的视觉显著性图 (saliency map)，最终采用返回抑制理论 (return-inhibition) 在该视觉显著性图中定位显著性逐渐降低的若干个注视点位置[61]，如图 5-8 所示。

5.2.1 自底向上结构的数据驱动视觉注意机制

该机制模型原理是从输入图像提取图片颜色、方向、光照亮度等特征，形成各个特征维度上的显著图，再对显著图进行分析和融合，得到兴趣图。兴趣图可能含有多个候选目标，通过竞争选出唯一的注意目标，并随后在注意焦点之间进行转移。

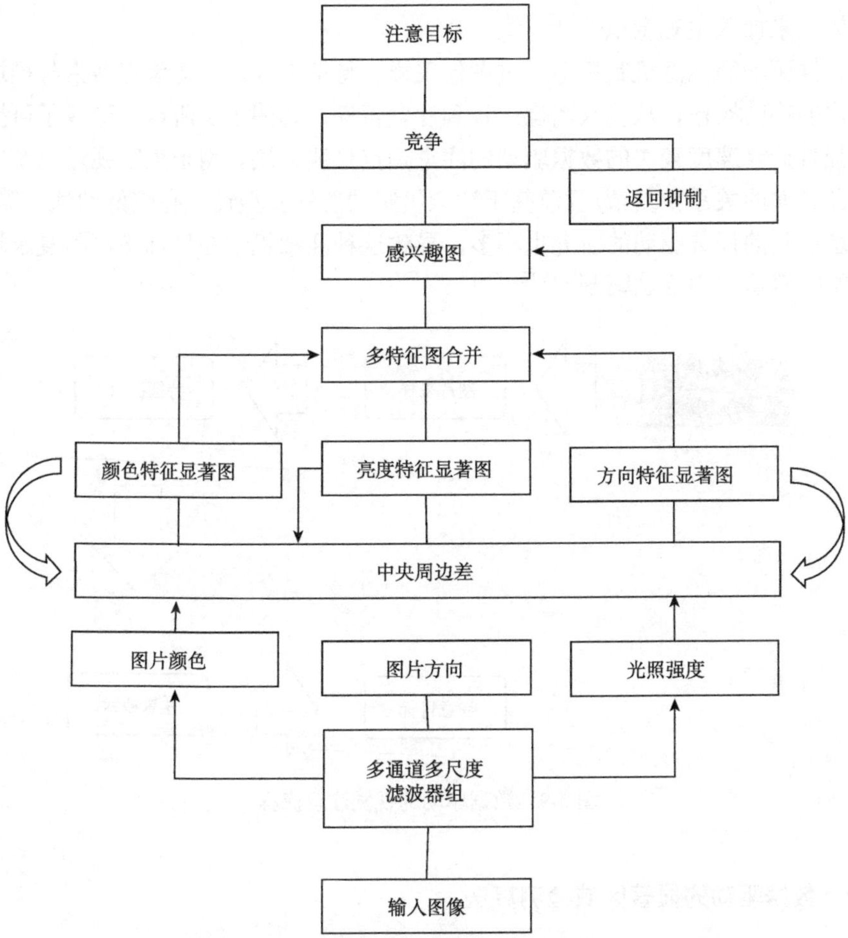

图 5-8　Itti 模型[61]

数据驱动的视觉注意机制模型中，外部场景信息源对人的眼睛进行刺激，然后人眼对不同的场景信息进行重新组合、加工、进行信息并行处理。这种注意模型没有先验信息的指导，也没有特定的任务，操作比较简单，处理速度比较快。数据驱动注意模型也称为自底向上视觉注意模型，对该模型的研究主要是基于 Itti 和 Koch 等提出的特征整合的理论，它具有数据驱动和自主加工两大特点[61]。

数据驱动的注意机制模型的注意机制与高层知识的观察无关，与底层数据驱动有关，不需要运用人的意识来控制其处理过程。对输入的图像首先提取一些低级视觉特征，如颜色、亮度、方向等，并分别构造生成类别特征相关的显著图。然后采用特征融合的方式把显著图进行合并，在合并后的显著图中出现的目标就是引起人类注意的目标。显然，该过程属于一种自动加工过程，不需要先验信息和期望，未加入主观意识[103-122,124]。

数据驱动的注意机制模型通过图像采样、特征提取、注意焦点搜索与描述三个模块的协同操作，从输入图像中找到注意目标，如图 5-9 所示，形成了可操作性较强且计算速度较快的数据驱动的注意焦点检测方法。由于生物视觉系统中各种特征之间的关系很复杂，目前基于注意机制的感知模型还没有较好的适应算法，对注意机制的任务驱动的研究也不多，导致这种注意机制在目标检测和复杂场景下的跟踪等运用中受到限制[103-122,124]。

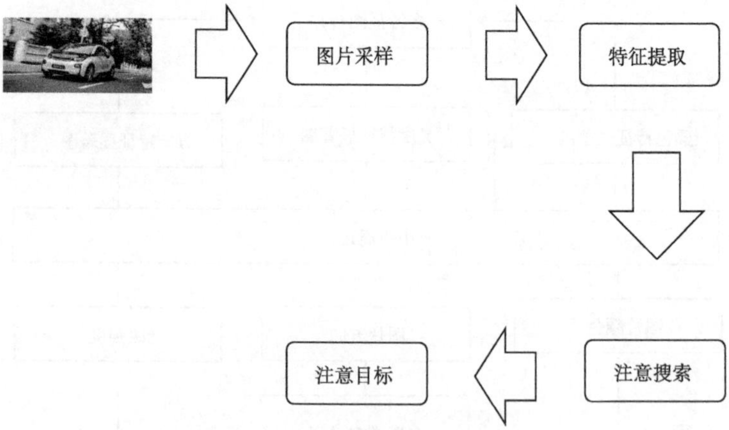

图 5-9 数据驱动的视觉注意流程

5.2.2 数据驱动的显著区域检测算法

Itti 提出的视觉注意机制模型生成视觉显著图，提取原图像的多类特征（如亮度、纹理、朝向和密度等），形成各个通道上的显著图，并对这些显著图进行合并，得到总的显著图。

图 5-10(a)和(c)为低速下采集的原图，图 5-10(b)和(c)为对应的 Itti 处理的显著图结果。图 5-11 为 Itti 算法检测图 5-10 图像显著区域的时间开销。

文献[62]采用 DoG 算子实现带通滤波器[$\omega_{\mathrm{lc}}, \omega_{\mathrm{hc}}$]，DoG 是当两个高斯函数的标准差是 1∶1.6 时，适合用于检测亮度变化的一个算子。公式如下：

$$\mathrm{DoG}(x,y)=\frac{1}{2\pi}\left[\frac{1}{{\sigma_1}^2}e^{-\frac{(x^2+y^2)}{2{\sigma_1}^2}}-\frac{1}{{\sigma_2}^2}e^{-\frac{(x^2+y^2)}{2{\sigma_2}^2}}\right]=G(x,y,\sigma_1)-G(x,y,\sigma_2) \tag{5-3}$$

(a)　(b)　(c)　(d)

图 5-10　Itti 效果图

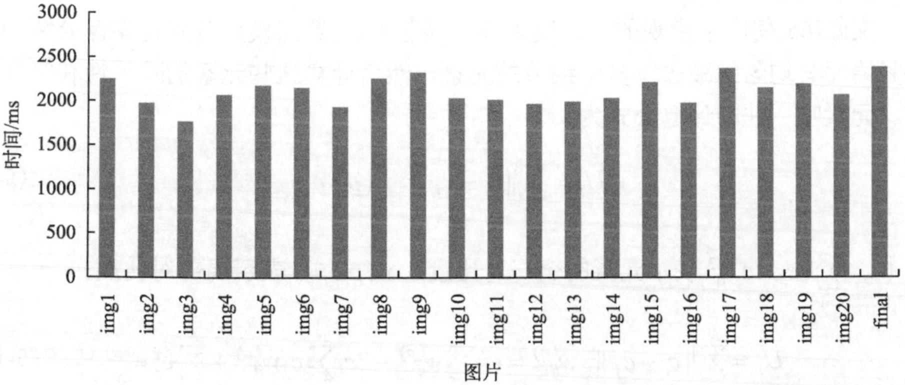

图 5-11　显著性区域检测的时间开销

令 $\sigma_1>\sigma_2$，σ_1 决定 $\omega_{\rm lc}$，σ_2 决定 $\omega_{\rm hc}$。得出计算显著性的公式：

$$S(x,y)=|I_\mu - I_{\omega\,\rm hc}(x,y)| \tag{5-4}$$

其中，I_μ 为原图像素值的算术平均值；$I_{\omega\rm hc}(x,y)$ 为经过 DoG 算子模糊后的图像 (x,y) 处的像素值。文献[63]从信息论的角度把图像信息分为新颖有用的知识和先验知识，公式如下：

$$H(\text{Image}) = H(\text{Innovation}) + H(\text{Prior Knowledge}) \tag{5-5}$$

并在图像频谱的对数域上寻找规律。发现了大量自然图像在某个频率的幅度的平均值与该频率成反比等，基于此得到谱残差：

$$R(f)=L(f)-A(f) \tag{5-6}$$

其中，$L(f)$ 为原图的幅频响应；$A(f)$ 为一个 3×3 的局部平均滤波器和原图的卷积。最后对谱残差 $R(f)$ 做傅里叶逆变换，得到空间域的显著性图，效果较好。

文献[64]给出了一种显著性检测方法，如式(5-7)所示。

$$S(r_k) = w_s(r_k)\sum_{r_k\neq r_i} \mathrm{e}^{\frac{D_k(r_k,r_i)}{-\sigma_k^2}} w(r_i)D_r(r_k,r_i) \tag{5-7}$$

$w_s(r_k)$ 计算公式如下：

$$w_s(r_k) = \exp(-9d_k^2) \tag{5-8}$$

其中，d_k 为该区域中像素到图片中心的平均距离，d_k 越大，$w_s(r_k)$ 就越小，显著性就相对更小。作者发现当一个区域的边界和图像的边界相互重叠的部分很多时，这个区域通常是非显著性的区域，也就是背景。因此，基于这样的一个先验知识，根据 d_k 的大小来给区域的显著性不同的值。实验结果证明这样的处理提高了显著性检测的效果。

文献[65]使用了直观的对比度来描述显著性。算法模型首先将图像分解为一些紧凑而又均匀的减去了多余细节的元素，然后计算这些元素的唯一性和空间分布。元素唯一性的计算公式为

$$U_i = \sum_{i=1}^{N}\| c_i - c_j \|^2 \cdot w(p_i, p_j) \tag{5-9}$$

其中，$\sum_{i=1}^{N}\| c_i - c_j \|^2$ 表示元素的全局对比度，$w(p_i,p_j)$ 表示局部对比度。

$$U_i = \sum_{j=1}^{N}\| c_i - c_j \|^2\ w_{ij}^{(p)} = c_i^2\sum_{j=1}^{N} w_{ij}^{(p)} - 2c_i\sum_{j=1}^{N} c_j w_{ij}^{(p)} + \sum_{j=1}^{N} c_j^2 w_{ij}^{(p)} \tag{5-10}$$

其中，c_i 表示第 i 个元素在 Lab 空间中的向量；c_j 表示第 j 个元素在 Lab 空间中的向量；$w_{ij}^{(p)}$ 的表达式如下：

$$w_{ij}^{(p)} = \frac{1}{Z_i}\exp\left(-\frac{1}{2\sigma_p^2}\| p_i - p_j \|^2\right) \tag{5-11}$$

Z_i起归一化的作用，满足式(5-12)。

$$\sum\nolimits_{j=1}^{N} w_{ij}^{(p)} = 1 \tag{5-12}$$

$w_{ij}^{(p)}$可以看作以中心点p_i为均值、σ_p为标准差的高斯分布，这里取0.25，用D来表示每一个元素的元素空间分布，D_i表示第i个元素的空间分布，具体表达式为

$$D_i = \sum_{j=1}^{N} \| p_j - \mu_i \|^2 \, w(c_i, c_j) \tag{5-13}$$

其中，p_j是第j个元素的位置；μ_i表示第i个元素的平均位置，具体表达式为

$$\mu_i = \sum\nolimits_{j=1}^{N} w_{ij}^{(c)} p_j \tag{5-14}$$

c_i、c_j表示第i个和第j个元素在Lab空间的向量，$W_{ij}^{(c)}$的表达式为

$$w_{ij}^{(c)} = \frac{1}{Z_i}\exp\left(-\frac{1}{2\sigma_c^2}\| c_i - c_j \|^2\right) \tag{5-15}$$

同理，Z_i也起归一化的作用。D_i的表达式展开可得

$$D_i = \sum_{j=1}^{N} \| p_j - \mu_i \|^2 \, w_{ij}^{(c)} = \sum_{j=1}^{N} p_j^2 w_{ij}^{(c)} - 2\mu_i \sum_{j=1}^{N} p_j w_{ij}^{(c)} + \mu_i^2 \sum_{j=1}^{N} w_{ij}^{(c)} \tag{5-16}$$

最后根据元素对比度，得到显著性图为

$$S_i = U_i \cdot \exp(-k \cdot D_i) \tag{5-17}$$

经过实验得到k的值为6是最佳值。重新计算每个元素的显著性如下：

$$S_i = \sum_{j=1}^{N} w_{ij} S_j \tag{5-18}$$

其中

$$w_{ij} = \frac{1}{Z_i}\exp\left(-\frac{1}{2}(\alpha \| c_i - c_j \|^2 + \beta \| p_i - p_j \|^2)\right) \tag{5-19}$$

至此每个元素的显著性得到了平滑，可以直接由元素显著性得到相应像素的显著性。

峰值信噪比 PSNR 用来评价一幅图像压缩后和原图相比质量的好坏。PSNR越高，压缩后失真越小。均方差MSE与峰值信噪比PSNR公式为

$$\text{MSE} = \frac{1}{mn}\sum_{i=0}^{m-1}\sum_{j=0}^{n-1}\| I(i,j) - K(i,j) \|^2 \tag{5-20}$$

$$\mathrm{PSNR}=10\lg\left(\frac{\mathrm{MAX}_I^2}{\mathrm{MSE}}\right)=20\lg\left(\frac{\mathrm{MAX}_I}{\mathrm{MSE}}\right) \tag{5-21}$$

对 73 帧的道路短视频进行处理，如图 5-12 和图 5-13 所示。图 5-21 中横坐标为帧数，纵坐标评价得分(满分为 1)。图 5-13 中横坐标为帧数，纵坐标为评价得分(满分为 100)。

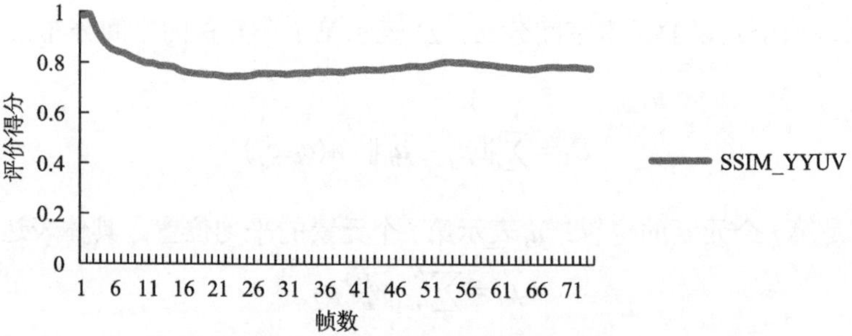

图 5-12 SSIM 处理结果

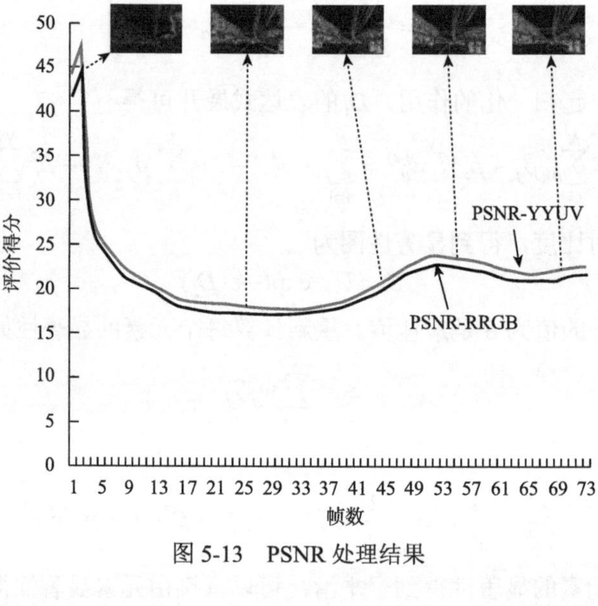

图 5-13 PSNR 处理结果

从图 5-14 结果中可以看出，从数据驱动角度看，结果的确反映出了该图像的显著区域；但是从任务驱动角度看，该结果并不能为安全驾驶提供更多的支持。所以，基于数据驱动的显著性区域检测结果并不都能直接应用于辅助驾驶系统。

图 5-15 为显著性区域检测算法的比较，初步结论，以 Itti 模型为代表的基于数据驱动的视觉注意与显著性区域描述部分适用于高速路比较简单路况下的视觉

(a) 原图　(b) 显著性区域检测结果

图 5-14　显著性区域检测

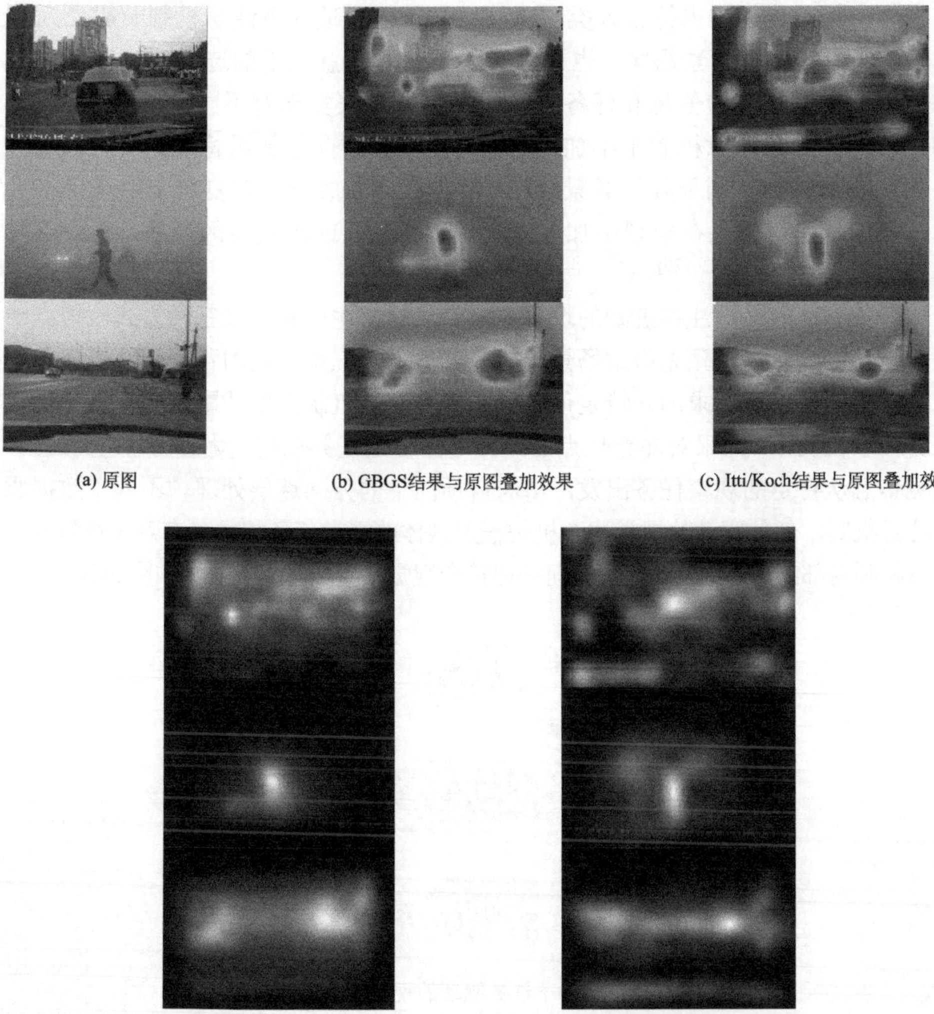

(a) 原图　(b) GBGS结果与原图叠加效果　(c) Itti/Koch结果与原图叠加效果

(d) GBVS图　(e) Itti/Koch图

图 5-15　显著性区域检测算法的比较

注意。而在比较复杂的低速路上，需要融合适用于驾驶任务的感兴趣区域信息，结合驾驶员视觉心理进行优化。或者可以这样说，基于数据驱动的显著区域描述并不完全适用于驾驶任务驱动的显著性区域描述。

5.2.3 自顶向下任务驱动的视觉注意机制

任务驱动的视觉注意机制是根据来自具体任务的先验信息，预先建立视觉期望，将期望目标从图像中分离出来，在图像或视频场景中完成感兴趣区域的选取，进而对该区域进行后续的处理。通常情况，优先级较高的区域一般包含在期望目标值内，这也符合人类视觉注意规律，自顶向下注意机制一般受人的意识、选择等主观因素影响，也是目标驱动的主动意识下的选择[23]。该模型从物体特征、场景先验信息和任务需求这三个方面来实现对不同目标的注意[24]。物体特征是指在注意机制中不加入颜色、亮度和方向等初级特征，而是加入所要识别的物体中有别于其他场景的特征。例如，完成一个在复杂街道场景中寻找汽车的任务，如果在模型中加入车轮、阴影特征或感兴趣区域后，就可以提高搜索汽车的效率[119,120]。

任务驱动的视觉注意机制的场景先验信息目前主要是通过三种方式获得：一是统计学方式，二是预先给定场景中的光流信息，三是场景的背景特征。任务需求是指按人类主观要求加入特定任务信息等对注意机制产生的影响。在特定视觉任务需求机制下，人眼对注意焦点的选择是由特定任务控制、受主观意识支配的，视觉信息从特定的观察任务出发，沿着自顶向下的方向逐层处理。不同于数据驱动注意机制，任务驱动的视觉注意机制根据具体的视觉任务需求，有意识地参与其注意机制内部的信息处理过程，从而获得符合视觉期望的注意目标，如图 5-16 所示。

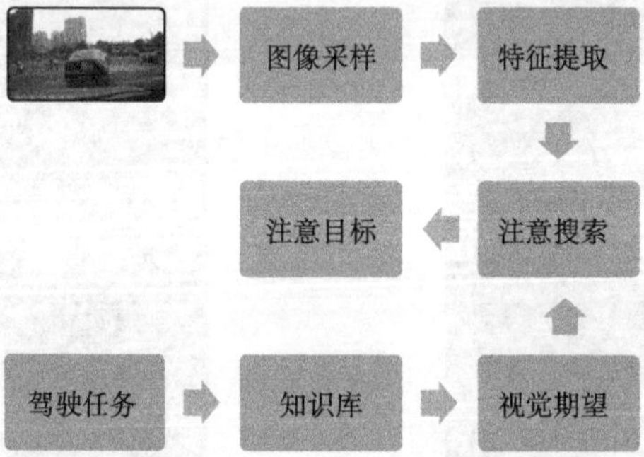

图 5-16　自顶向下任务驱动的视觉注意机制流程

相对于数据驱动机制，因为任务驱动的视觉注意机制是以空间并行方式在单一通道中处理视觉信息的，所以任务驱动的视觉注意机制对视觉信息的处理速度相对较慢[116]。

任务驱动的视觉注意机制是在给定某个特定的视觉观察任务的前提下，观察者迅速建立视觉期望，并在该期望的指导下按照一定的优先级顺序有选择地对各个场景区域进行局部验证，进而对其中经过验证的确实包含期望目标的场景区域进行局部处理。通常情况下，包含期望目标的场景区域会由于其符合视觉期望的视觉刺激分布模式而具有较高的优先级，这样可以大大减少匹配操作的计算量，提高计算效率[103-122,124]。

任务驱动的视觉注意机制对于视觉信息处理的过程增加了高层知识驱动环节，该环节包含任务、知识库和视觉期望等。知识库是一种长时记忆存储的知识经验，是对过去曾经处理过的外部视觉信息的模式化及其经过实际验证的视觉认知结果的记录和积累。知识库在任务驱动的视觉注意机制中充当视觉信息服务中心的角色，既处理视觉对象之间的视觉区域空间联系，又处理视觉信息与其他信息描述之间的转换，是连接当前知识(语意层)和视觉期望(特征层)的桥梁。视觉期望是一种短时记忆存储的知识经验，是对视觉信息处理预期结果的描述，它通过知识库的联系和映射功能获得，具体视觉范畴涉及观察尺度、观察范围、对象特征和对象尺寸等诸多因素。视觉期望对任务驱动的注意目标检测提供了直接的和明确的引导信息[103-122,124]。基于视觉期望产生感知觉期望，包括温度、噪声、心理舒适度等。

5.3　道路信息图像的处理与分析

灰度直方图横轴表示亮度，分为0～255共256个数值，数值越大，亮度越高，其中0代表纯黑色的最暗区域，255表示纯白色的最亮区域，中间是不同亮度的灰色。纵轴代表图片中对应亮度的像素数。分析主要存在以下几种情况和特点。

(1) 灰度直方图分布偏左侧，整个画面平均值偏暗，没有过黑和过白现象。一般情况下是夜间繁华街道的主要特征。

(2) 灰度直方图分布基本均匀，画面平均值适中。一般是在白天对局地目标曝光合理的图片特征。

(3) 灰度直方图分布出现双峰特征，主要以100为中心大致对称分布。主要出现在白天的高速及空旷的道路视频中，由天空、白云和道路的灰度频谱组合产生，如图 5-17 所示。

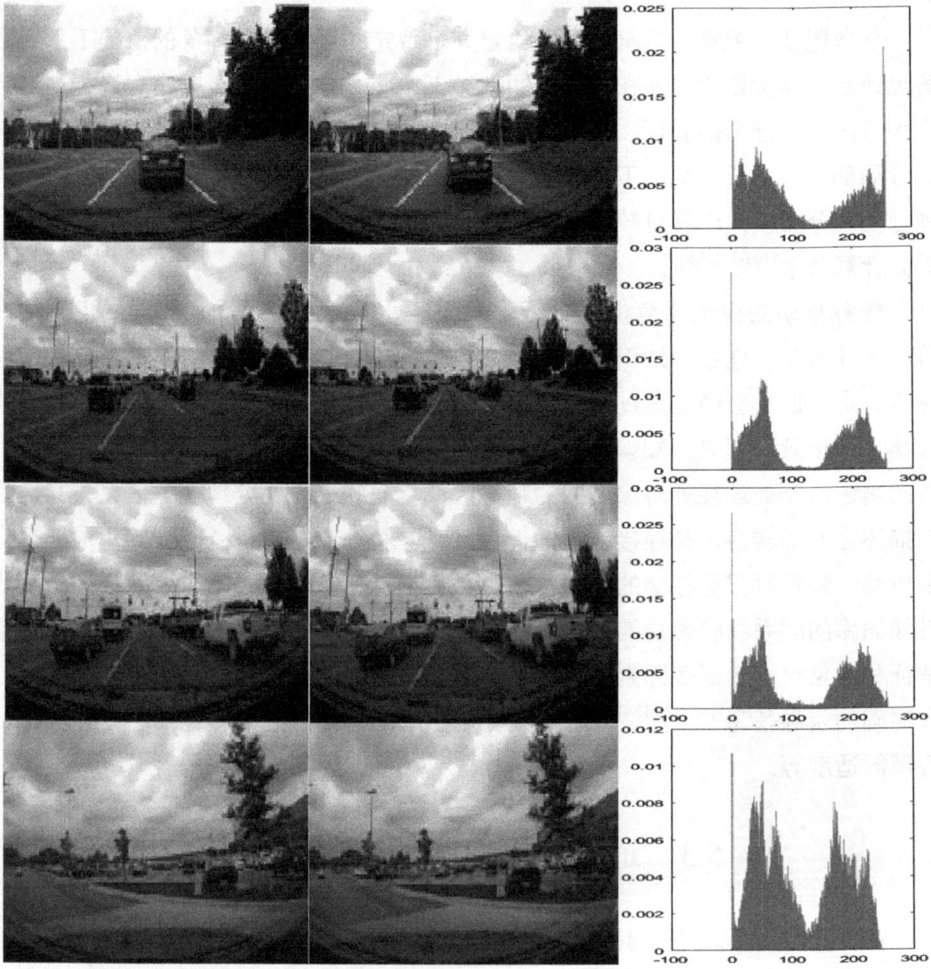

(a) 原图　(b) 灰度图　(c) 灰度直方图

图 5-17　白天道路视频图像的处理

(4) 灰度直方图集中分布在左右两侧，左多右少，平均偏暗。在左右都有溢出现象，说明画面中有死黑和死白区域，画面亮度跨度很大。主要出现在夜间局部强光的道路场景下，如图 5-18 所示。

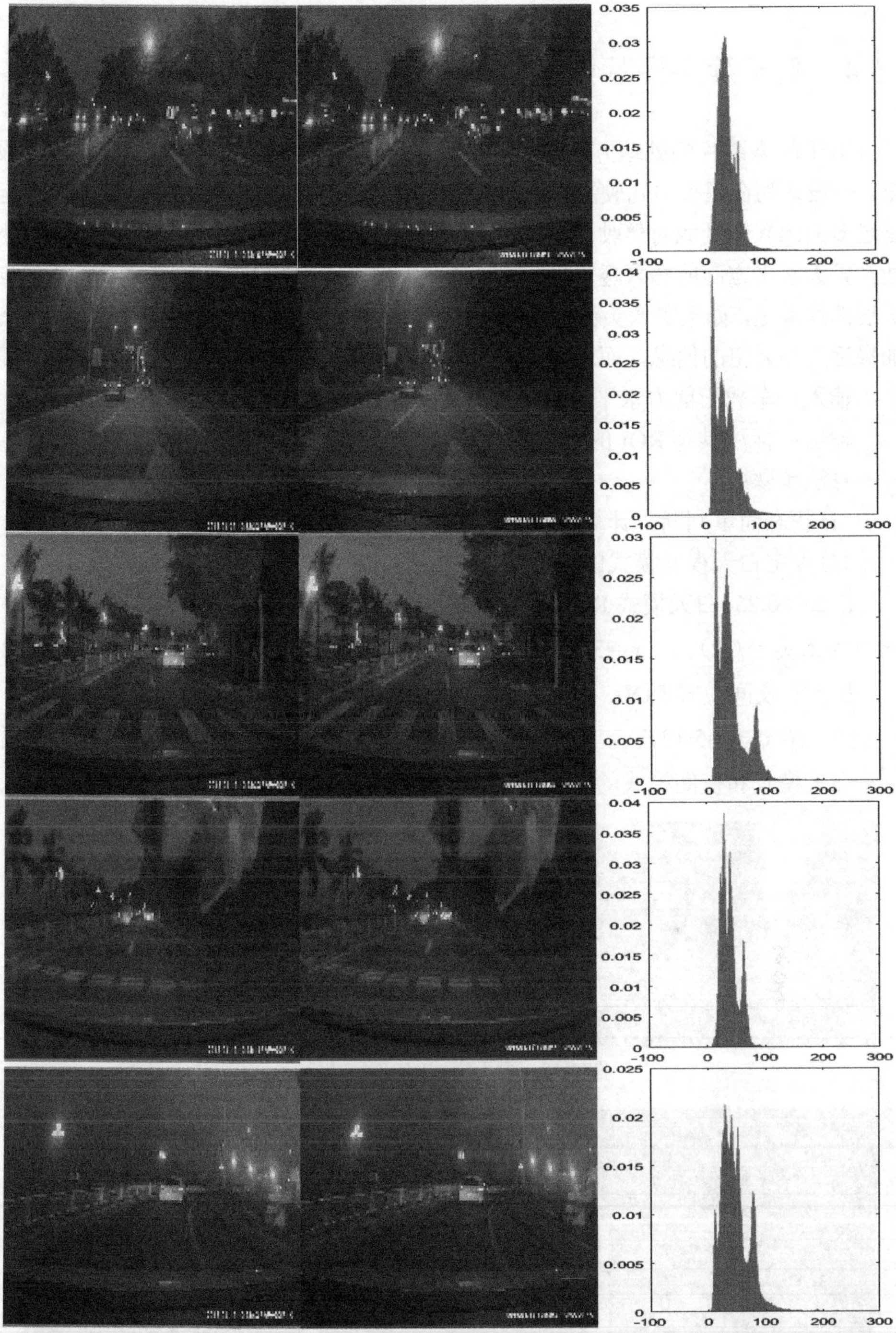

(a) 原图　(b) 灰度图　(c) 灰度直方图

图 5-18　夜晚道路视频图像的处理

5.4 基于静态图片的驾驶任务驱动的感兴趣区域生成方法

对于静态图片的处理方法，结合白天、夜间中驾驶员的驾驶心理变化进行设定。一般认为在黑夜中驾驶汽车，驾驶员心理上希望能够获得更多的路面信息，但是过多的感兴趣区域对驾驶员没有更多的实质性帮助，所以本节尝试在夜间模式下适当扩大水平方向的感兴趣区域，实际是扩大识别路边行人等信息的范围。不纵向扩展的原因是，如果摄像头已经按照水平方向校准，此时继续扩展纵向范围只会增加极远点和天空的信息，而这些对于驾驶员当前的驾驶状态无实质辅助作用。

输入：车载正前方水平设置的摄像头采集到的单帧图片。

输出：标注具有 ROI 的单帧图片。

算法步骤：

(1) 状态简单判断，计算灰度直方图中大于 100 像素占比之总和 ΣP。

(2) 设定白天夜间模式的 ΣP 阈值为 0.25。并且

IF $\Sigma P>0.25$ 白天模式 ROI：

$$x_1=1/4X, y_1=5/12Y; \quad x_2=3/4X, y_2=7/12Y; \quad x_3=0, y_3=0; \quad x_4=X, y_4=0 \tag{5-22}$$

ELSE 夜间模式 ROI：

$$x_1=0, y_1=5/12Y; \quad x_2=X, y_2=5/12Y; \quad x_3=0, y_3=0; \quad x_4=X, y_4=0 \tag{5-23}$$

白天模式和夜间模式的感兴趣区域如图 5-19 和图 5-20 所示。

图 5-19 白天模式的感兴趣区域

图 5-20 夜间模式的感兴趣区域

5.5　基于视频的驾驶任务驱动的动态感兴趣区域自动生成方法

在第一种方法经过大量主客观一致性测试后，发现该感兴趣区域的设定方法均未能基于驾驶任务进行准确的设定，并在符合驾驶员视觉特点的前提下进行积极有效的引导。为了找到更为接近主观感受的驾驶员感兴趣区域，本节把驾驶任务进行子任务的二次划分，并基于子任务对感兴趣区域进行动态设定，最后再进行合并，得到某时间片内感兴趣区域的总标记和其动态变化过程。同时，发现在一定范围内其与驾驶速度以及道路实际状况(车辆、行人的数量等)有着密切的关系。首先考虑到反应延迟和制动时延等，对处于驾驶状态的驾驶员，安全的最小跟车距离为 S_{Wmin}，假设当前本车速度为 V_l(单位为 km/h)，两帧时间间隔为 t_d，结合第 3 章跟驰模型的结论，安全的最小跟车距离如式(5-24)所示。

$$S_{\mathrm{Wmin}}=2V_l/3600 \tag{5-24}$$

表示在前车出现状况时，后车能有 2s 的反应时间和紧急制动时间。符合这样条件的距离就是安全的最小跟车距离。

输入：车载正前方水平设置的摄像头采集到的连续视频帧。

输出：标注具有 ROI 的连续视频帧。

子任务 1：车道保持，防止车辆偏移车道。

ROI_1 如式(5-25)所示：

$$x_1=1/4X,\ y_1=Y-\mathrm{MIN}|5,0.5v|;\qquad x_2=3/4X,\ y_2=Y-\mathrm{MIN}|5,0.5v|;$$
$$x_3=0,\ y_3=Y;\qquad x_4=X,\ y_4=Y \tag{5-25}$$

子任务 2：观察前方道路信息，规避行人与车辆。

如果前方有车，且车距 S 对应该子任务的车前 ROI_2 为

$$x_1=0,\ y_1=Y-\mathrm{MAX}(S,S_{\mathrm{Wmin}});\qquad x_2=X, y_2=Y-\mathrm{MAX}(S,S_{\mathrm{Wmin}});$$
$$x_3=0, y_3=Y;\qquad x_4=X,\ y_4=Y \tag{5-26}$$

如果前方无车，则该子任务的车前 ROI_2 为

$$x_1=0,\ y_1=Y-S_{\mathrm{Wmin}};\quad x_2=X,\ y_2=Y-S_{\mathrm{Wmin}};\quad x_3=0,\ y_3=Y;\quad x_4=X,\ y_4=Y \tag{5-27}$$

子任务 3：观察后方和侧后方车辆状况。该任务主要通过观察后视镜等获得相关信息。

最终得到基于前置摄像头的前方感兴趣区域

$$\mathrm{ROI}=\mathrm{ROI}_1\cup \mathrm{ROI}_2 \tag{5-28}$$

5.6　驾驶任务与数据驱动融合的动态感兴趣场的提出与生成方法

在以上两种 ROI 生成方法中，考虑到了具体的驾驶任务特点，但是系统性略显不足。为了能够更为系统和准确地进行描述，定义如下。

定义 5-1　指导型感兴趣区域。在驾驶任务驱动下，为了完成安全驾驶任务而根据经验制定的有指导意义的感兴趣区域。

定义 5-2　个体化感兴趣区域。驾驶员个体在实际驾驶过程中的具体真实的感兴趣区域。

定义 5-3　数据驱动感兴趣区域。由数据显著性特征生成的与人在非特定任务下视觉关注相一致的感兴趣区域。

指导型感兴趣区域与数据显著性影响的关系分为以下四种情况。

第一种，指导型非感兴趣区域的数据显著性影响，如图 5-21 所示。

图 5-21　非感兴趣区域的数据显著性影响

从数据驱动角度来看，光晕和光影在这幅图片中视觉上是显著的，但显然不是驾驶员在驾驶过程中感兴趣或者应该感兴趣的区域及内容。从任务驱动的角度来说，此处的光晕和光影对于驾驶员的正常驾驶任务起到了干扰作用。

这样就造成了数据驱动的显著性客观检测结果与任务驱动的主观检测结果不符合，且会对主观检测结果产生影响。

第二种，指导型感兴趣区域的数据显著性影响。此情况又可以分为两类：一是显著性对象虽然在指导型感兴趣区域内，但不是指导型感兴趣内容或者不是最感兴趣内容。会对驾驶员产生视觉心理的影响，根据经验，心理的不同会形成有差异的个体化感兴趣区域，如图 5-22 所示。二是显著性对象在指导型感兴趣区域内，也是指导型感兴趣内容，如图 5-23 所示。

图 5-22　感兴趣区域的数据显著性影响(有重要信息丢失)

第三种，指导型感兴趣区域的数据非显著性影响。此类影响主要是驾驶员在变化不大的前方路况下容易产生视觉疲劳，如图 5-3 所示。

图 5-23　感兴趣区域的数据显著性影响(与重要信息吻合)

第四种，非指导型感兴趣区域的数据非显著性影响。此类影响相对最小，但仍存在着非显著特征累积形成显著性特征而对安全驾驶产生影响的可能。

任务驱动和数据驱动融合示意图如图 5-24 所示。

从区域到场的提出，体现了以下几点不同。

1) 强调交互性

任务驱动和数据驱动都单方面强调了各自的建立感兴趣区域的源动力和层次机构(自顶向下或自底向上)，而实际上本书作者认为更贴近驾驶员真实感受的感兴趣区域是在任务驱动下交互数据驱动的基础上建立的。因为每个在任务驱动的感兴趣区域中出现的目标其实就是基于数据驱动完成的检测识别，而对目标检测的结果又可能会改变和调整当前驾驶任务的子任务，二者是紧密交互的关系，如图 5-25 所示。

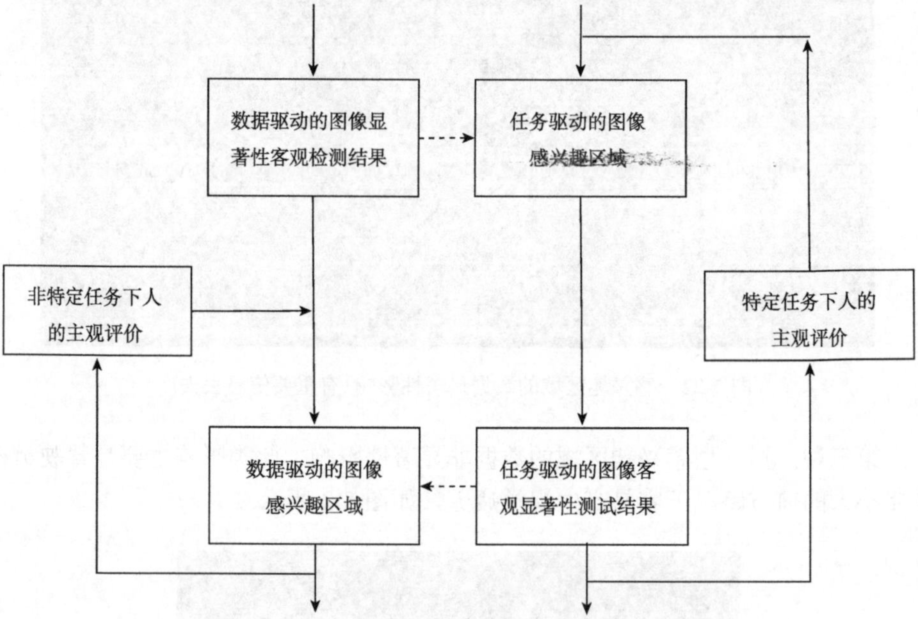

图 5-24 任务驱动与数据驱动融合示意图

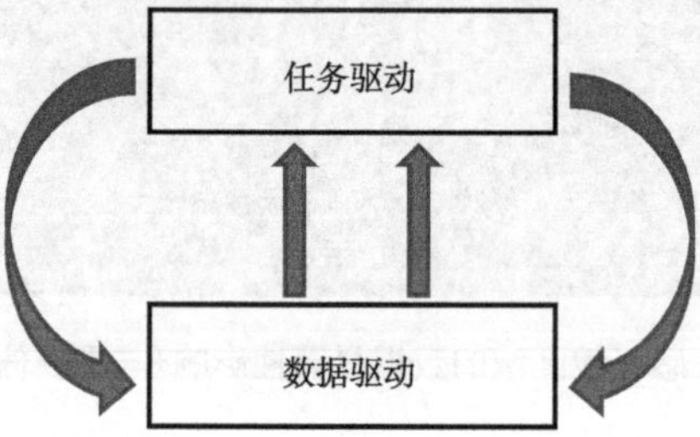

图 5-25 感兴趣区域场的融合驱动模式

融合后的感兴趣区域描述为

$$\mathrm{ROI} = \mathrm{ROI}_{\mathrm{task}} + \mathrm{ROI}_{\mathrm{data}} = \mathrm{ROI}_{\mathrm{task}}^{\mathrm{data}} \tag{5-29}$$

2）强调变化性

视频中的每个显著目标都会对当前的感兴趣区域产生类似磁场的引力效应，从而改变感兴趣区域的实际分布形状与优先级。

（1）前方无车情况下，视觉注意力密度线在感兴趣区域均匀分布如式(5-30)所示。

$$P(m)=\frac{1}{m} \tag{5-30}$$

其中，m 为均匀划分的子块，如图 5-26 所示。

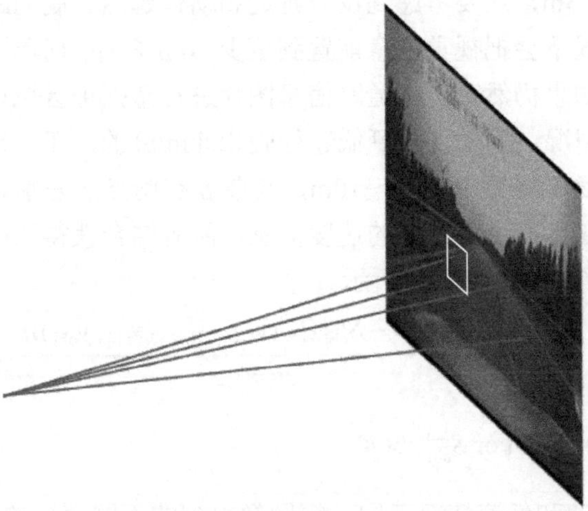

图 5-26　视觉注意力密度线示意图

(2) 前方初始感兴趣区域内出现车辆或行人的情况下，视觉注意力密度线向目标聚集，聚集度由目标相对速度、位置及目标显著性综合决定，如式(5-31)所示。

$$\text{ROI}=S_{\text{obj}}+(1-S_{\text{obj}}P_{\text{obj}}(v,\ S_{\text{obj}},(x_{\text{obj}},y_{\text{obj}})))/P(m) \tag{5-31}$$

(3) 前方非初始感兴趣区域内出现车辆或行人的情况下，视觉注意力密度线向车辆或行人方向聚集，若进入感兴趣区域或者相对速度和目标显著性之积超过阈值，则注意力密度线覆盖该区域，同时更新当前感兴趣区域，如式(5-32)所示。

$$\begin{cases}\text{ROI}=S_{\text{obj}}+(1-S_{\text{obj}}P_{\text{obj}}(v,\ S_{\text{obj}},(x_{\text{obj}},y_{\text{obj}})))/P(m)\\(x_{\text{obj}},y_{\text{obj}})\in\text{ROI or }S_{\text{obj}}v>K\end{cases} \tag{5-32}$$

3) 强调空间性

传统的感兴趣区域是把实际的三维空间简化方式投影到二维空间而得到的平面结果。很多可能非常重要的信息未能直接体现，如高度、角度等，如式(5-33)所示。

$$\text{ROI}(x,y,z)=\text{ROI}(x,y)\cdot z,\quad 0\leqslant z\leqslant 3 \tag{5-33}$$

4) 速度相关性

感兴趣场是与驾驶速度相关的，驾驶一辆在高速路上以 120km/h 速度行驶的汽车，驾驶员不会对前方 5m 的信息产生兴趣或产生过多的兴趣，原因不是这些信息不重要，而是驾驶员在之前 2s 左右已经对该区域进行了视觉验证，这种经过了视觉验证的信息可以脱离感兴趣场或者进入优先级低的兴趣场。另外，因为每秒钟汽车前进 33.3m，还要考虑到反应延迟和动作延迟、制动距离等因素，驾驶员在前方无车情况下会把视觉注意前置到至少 30m 之外。而单一的静止图片没有携带速度信息。如果仍然对一副道路信息图片进行感兴趣区域设置，会出现与实际有较大误差的情况。例如，一辆低速行驶(20km/h)的汽车，驾驶员基于驾驶任务感兴趣的区域场主要集中在 5～10m，与前者有明显的差别。因此，有必要在连续视频帧中提取当前道路图片的速度信息，两者结合获得当前图片的最符合主观判断的感兴趣场，如式(5-34)所示。

$$\begin{cases} \mathrm{ROI}(x,y,z,i,v)=\dfrac{S_{\mathrm{obj}}^{i-1}+(1-S_{\mathrm{obj}}^{i-1}P_{\mathrm{obj}}(v_{i-1},\ S_{\mathrm{obj}}^{i-1},(x_{\mathrm{obj}},y_{\mathrm{obj}})))}{P(m))z} \\ (x_{\mathrm{obj}},y_{\mathrm{obj}})\in \mathrm{ROI}\ \text{or}\ S_{\mathrm{obj}}^{i-1}v>K \end{cases}, 0\leqslant z\leqslant 3 \qquad (5\text{-}34)$$

图 5-27 为高速和低速情况下同一幅图像得到的不同感兴趣区域。其实这里也能解释为什么在空旷的道路状况下驾驶员很容易超速行驶，原因之一就是驾驶员在没有其他兴趣点刺激的情况下，会把感兴趣区域过度前移。这个过程是在数据驱动下驾驶员下意识状态下的对驾驶任务的修正。没有经验或者足够安全意识的驾驶员，往往缺乏对这种修正的主观约束意识而使得修正过度超过阈值(超速)。区域场较大的情况下，驾驶员需要周期性地对子区域场进行遍历扫描。

(a) 120km/h　　(b) 20km/h

图 5-27　同一幅图片在不同速度下的感兴趣区域场

在对第 3 章、第 4 章缺失速度的图片检测中，加入感兴趣区域后，计算任务和误检率大幅度下降，取得了良好效果。但是这种方法用在辅助驾驶系统中，需要先验知识的严格引导，即辅助驾驶员解决在驾驶过程中为了达到安全驾驶的目的，在动态变化的外部条件下应该及时关注什么区域，关注区域中的什么目标等问题。

按照行驶车速进行感兴趣区域的整合划分。行驶速度与驾驶员视野范围的变化如表 5-2 所示[130]。

表 5-2　行驶速度与驾驶员视野范围的变化

行驶速度/(km/h)	驾驶员视野范围/(°)
0	160
40	100
60	75
70	65
100	40

随着车速的增大，驾驶员的视野逐渐变窄。无论从工程学还是仿生学角度来讲，行人与车辆检测系统的规定范围都不能小于驾驶员的视野范围。以车辆行驶速度(v)作为横坐标，视野范围(w)作为纵坐标建立坐标系。此时汽车行驶速度与驾驶员的视野范围变化构成一条曲线，如图 5-28 所示。

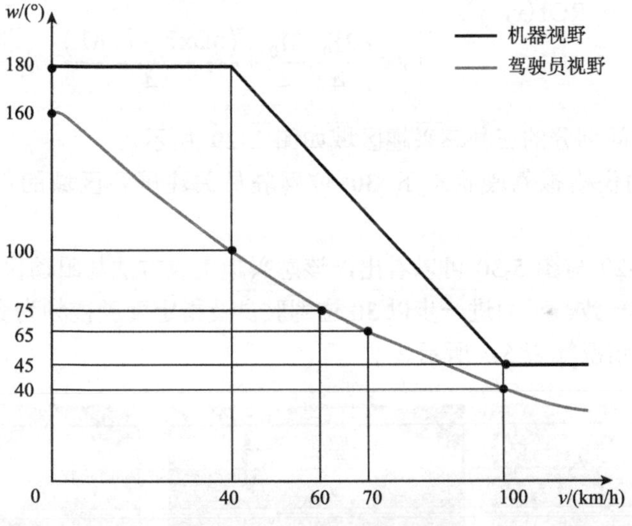

图 5-28　行驶速度与视野范围

当车辆在低速缓慢行驶状态，即行驶速度为 0～40km/h 时，机器视野范围为 180°，驾驶员视野范围为 100°～160°并随速度增大而减小；当车辆在高速行驶状态，即行驶速度为 100km/h 以上时，机器视野范围为 45°，驾驶员视野范围小于 40°并随速度增大而继续减小；当车辆在常速行驶状态，即行驶速度为 40～

100km/h 时，机器视野范围与行驶速度的函数关系为

$$w=270-2.25v \tag{5-35}$$

根据以上划分，三种速度区间的感兴趣区域设置如下。

(1)低速行驶(时速为 40km 及以下)状态时，感兴趣区域的表示为

$$\mathrm{ROI}(x,\ y)=\begin{cases} x\in[0,A] \\ y\in[\min Y,\max Y] \end{cases} \tag{5-36}$$

(2)常速行驶(时速为 40～100km)状态时，感兴趣区域表示为

$$\mathrm{ROI}(x,\ y)=\begin{cases} x\in\left[(k+1)X_0-kA,(k-1)X_0+kA\right] \\ y\in\left[(1-k)Y_0,(1-k)Y_0+(\max Y-\min Y)k\right] \end{cases} \tag{5-37}$$

其中

$$k=1.5-0.0125v \tag{5-38}$$

(3)高速行驶(时速为 100km 及以上)状态时，感兴趣区域表示为

$$\mathrm{ROI}(x,\ y)=\begin{cases} x\in\left[\dfrac{(5X_0-A)}{4},\dfrac{(A+3X_0)}{4}\right] \\ y\in\left[\dfrac{3Y_0}{4},\dfrac{3Y_0}{4}+\dfrac{(\max Y-\min Y)}{4}\right] \end{cases} \tag{5-39}$$

按速度区间划分的三种感兴趣区域如图 5-29 所示。

使用眼动仪模拟驾驶状态下 30 位驾驶员关注屏幕区域的信息如图 5-30 所示。

结合图 5-29 与图 5-30 可以看出，该感兴趣生成方法与眼动仪采集到的实际关注区域基本一致。下面进一步以 30 位驾驶员及指定驾驶视频为实验验证对象，统计坐标落点情况如表 5-3 所示。

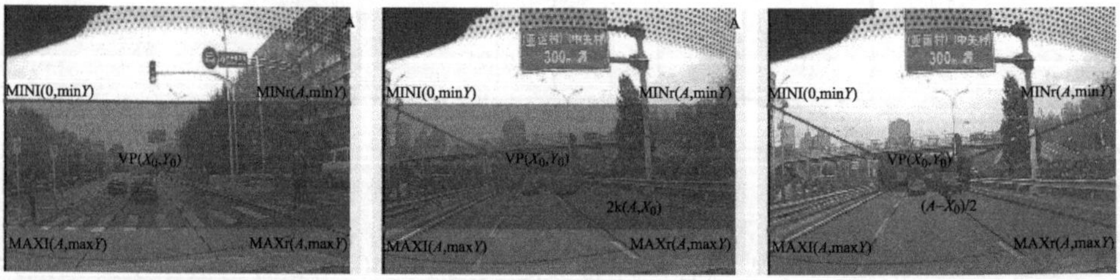

(a) 低速　　(b) 常速　　(c) 高速

图 5-29　三种速度范围的感兴趣区域

表 5-3　视觉落点在感兴趣区域内的概率

车速/(km/h)	视觉落点在生成的指导型感兴趣区域内的百分比/%		
	10s 内	30s 内	60s 内
0～20	62.6	74.8	81.2
103～109	70.4	78.5	83.1

(a) 车速为 0～20 km/h

(b) 车速为 103～109 km/h

图 5-30　眼动仪捕捉到的驾驶员实际关注区域

从工程学角度，对于阶段性视觉数据区域描述的确可以进一步提高短时间内感兴趣区域的准确性。但是从仿生学角度，因为存在着个体差异以及个体不同心理状态时的差异，所以随着时间的增加以及环境的变化(例如，非感兴趣区域的数据显著性影响导致的视觉心理波动等)，个体感兴趣区域会进行重构从而产生较大变化，并对群体特征明显的指导型感兴趣区域生成产生扰动。如图 5-31 所示，驾驶员视觉落点明显向右侧偏移的原因是右侧出现的车辆，导致短时间内视觉较大幅度的偏移。

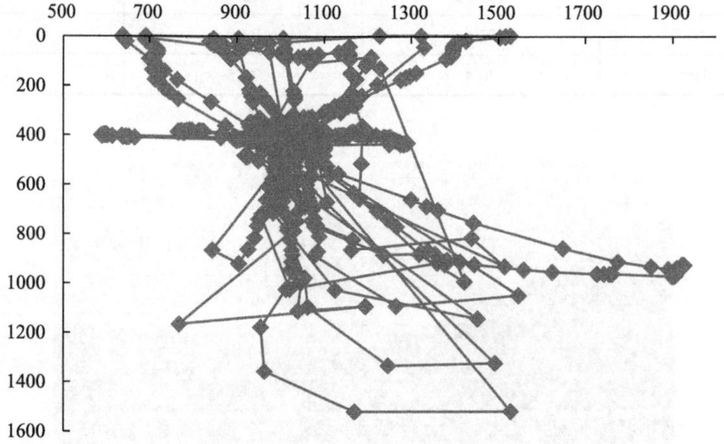

图 5-31　驾驶员 60s 内眼动轨迹

图 5-31 的横坐标与纵坐标单位均为像素，映射为屏幕区域。

表 5-4 为被测试驾驶员的眼动状态，其中注视人数比表示指导型感兴趣区域被关注的人数与被测试人数的比值。平均首视时间表示指导型感兴趣区域抓住被测试驾驶员的时间。单次注视平均时长表示指导型感兴趣区域被持续关注的时间。注视总时长表示被测试驾驶员视觉关注点落在指导型感兴趣区域内的时间总和。注视次数表示被测试驾驶员视觉关注点在指导型感兴趣区域和非感兴趣区域内切换的次数。

表 5-4　被测试驾驶员视觉注意情况

车速/(km/h)	注视人数比/%	平均首视时间/s	单次注视平均时长/s	注视总时长/s	注视次数
0～20	100%	0.39	1.57	48.74	31
103～109	100%	0.25	1.62	49.86	37

综上，驾驶任务与数据驱动融合的动态兴趣场方法可以有效表达任务和数据双驱动下的感兴趣区域，并可以在一定的驾驶任务复杂度和道路数据复杂度中具有指导作用。

5.7 本章小结

本章讨论了自底向上的基于数据驱动的显著性区域的相关算法，并做了比较和分析，讨论了自顶向下的基于任务驱动的感兴趣区域的方法，在此基础上探讨了一种基于静态图片的驾驶任务驱动的感兴趣区域生成方法，在对感兴趣区域二次划分的基础上进一步提出了一种基于视频的驾驶任务驱动的动态感兴趣区域自动生成方法。在引入速度、空间等因素的基础上提出了一种驾驶任务与数据驱动融合的动态感兴趣场的生成方法。尝试按照行驶车速进行感兴趣区域整合划分，对低速行驶、常速行驶和高速行驶状态分别进行感兴趣区域的设定。通过驾驶员对指定驾驶视频的实际眼动测试，证明驾驶任务与数据驱动融合的动态兴趣场方法表达任务驱动和数据驱动的感兴趣区域的有效性。对第 4 章的车辆检测数据库进行了感兴趣区域的测试，结果证明该方法可以有效地降低车辆及行人检测的计算量和误检率。

第6章　基于单目摄像头的驾驶员疲劳检测

6.1　算 法 思 路

本章侧重考虑从单目摄像头中采集驾驶员驾驶状态信息。基本思路是，先对图像进行预处理，再对人脸区域进行粗定位，识别出人脸后，利用嘴唇和鼻孔的位置对眼睛进行辅助定位；接着对获得的人眼区域进行二值化和积分投影变换，排除眼镜对眼睛定位的影响，通过对积分投影图像的分析和对眼部进行肤色建模后，再对眼睛进行精确定位，对眼睛睁、闭状态进行判别，从而实现对驾驶员疲劳状态进行检测。

6.2　图 像 处 理

6.2.1　图像预处理

首先要对图像进行预处理操作，将彩色图像转变为灰度图像。相对于彩色图像来说，灰度图像在光线较低的情况下清晰度高于彩色图像，为了适应不同的光线条件有必要把彩色图像转换为灰度图像。这样既满足了处理需要，又减少了信息运算量。数字图像的灰度化是图像处理的基础，一般需要先读取数字图像的灰度值，再对其进行分析与处理，如生成灰度直方图、进行灰度拉伸、图像分割和提取图像特征。将彩色图像转化成为灰度图像的过程称为图像的灰度化处理。彩色图像中的每个像素的颜色由 R、G、B 三个分量决定，而每个分量有255种取值，这样一个像素点可以有1600多万(255×255×255)种颜色的变化。而灰度图像是 R、G、B 三个分量相同的一种特殊的彩色图像，其每个像素点有255种取值，所以在数字图像处理中一般先将各种格式的图像转变成灰度图像以减少计算量。灰度图像的描述与彩色图像一样，仍然反映了图像的整体和局部的色度以及亮度等级的分布和特征。

6.2.2　人脸粗定位

在图像中通过分析人脸的位置、大小和姿态等信息来对人脸进行检测，在检测出人脸之后将人脸与背景进行分离，但是在人脸的检测过程中会有以下难点：

①由于人脸存在相貌、表情、肤色、大小等差异，所以需要设定自适应的算法对人脸进行检测；②当佩戴眼镜或者拥有胡须等附属物时，会对人脸检测造成一定的困难；③在检测时会由于光照强度不均以及光线照射人脸角度的不同而造成检测结果的不同；④对人脸采集的设备要求有较高的像素及较高的分辨率。

目前，人脸检测的算法主要有四类，即基于知识的人脸检测方法、基于特征的人脸检测方法、基于模板匹配的人脸检测方法和基于统计理论的人脸检测方法。

在对人脸进行定位之前，首先需要对原图进行降采样，同时按照比例获取分析区域，得到实际的分析区域，分别取出图像的彩色数据和灰度数据进行存储，并对图像进行色彩空间的转换，在全图范围内采用取均值与计算相似度的方式进行肤色建模处理，肤色建模流程图如图 6-1 所示。

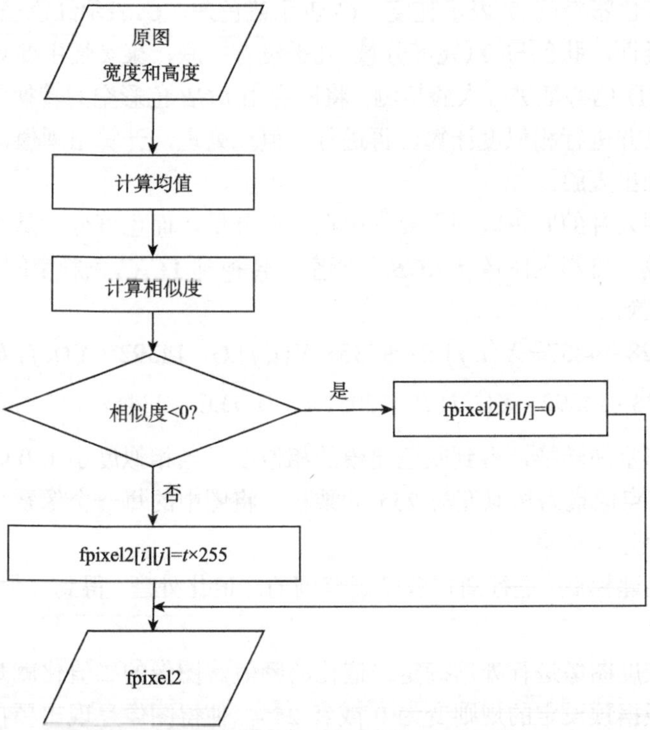

图 6-1　肤色建模流程图

基于简单高斯模型进行肤色模型的建立，肤色模型包括区域模型、混合高斯模型、直方图模型和简单高斯模型四种，相比于其他三种肤色模型，简单高斯模型是假设肤色服从单高斯分布模型，通过对数据的统计分析，进行均值与方差的预测，并且简单高斯模型具有检测率高、计算速度快和模型参数容易计算的优点。

尽管不同人种的肤色有很大的差异，但是色度上的差异要远远小于亮度上的差异，在二维色度平面上，肤色的区域比较集中，可以用高斯分布描述，从几何上讲，简单高斯分布模型在二维空间中近似于椭圆。本书中设相似度 t 表示像素与肤色的相似程度，相似度 t 由该点距离高斯分布中心的远近得到。首先在 C_b、C_r 二维色度平面上建立简单高斯模型，计算出 YC_bC_r 图像中每个像素的相似度，将 YC_bC_r 转化为相似度灰度图，每个像素的灰度值对应该点与肤色的相似度 t，相似度 t 的计算公式为

$$t = \exp\left[-0.5(x-m)^{\mathrm{T}} C^{-1}(x-m)\right]$$

$$x = (C_b C_r)^{\mathrm{T}}, \quad C = E\left\{(x-m)(x-m)^{\mathrm{T}}\right\} \tag{6-1}$$

在 YC_bC_r 色彩空间（Y 表示亮度，C_b 表示蓝色差，C_r 表示红色差）中肤色呈现出良好的聚类性，肤色与 Y(亮度分量)几乎没有关联，聚类性主要集中在色度分量。本例利用肤色特征进行人脸检测，将图像由 RGB 色彩空间转换到 YC_bC_r 色彩空间，均值化并进行相似度计算，再进行二值化处理，计算出阈值，进行连通域的查找，识别出人脸。

由于不同人种的肤色区别主要集中在亮度分量，而色度分量是区别肤色与背景的主要参数，将彩色图像从 RGB 色彩空间转换到 YC_bC_r 色彩空间。

YC_bC_r 转换：

$$C_b = 128 - 4857 \times X(i,j).R + 9535 \times X(i,j).G - 14392 \times X(i,j).B \gg 15 \tag{6-2}$$

$$C_r = 128 + 14392 \times X(i,j).R - 12052 \times X(i,j).G - 2341 \times X(i,j).B \gg 15 \tag{6-3}$$

通过色彩空间转换，得到肤色建模的相似度，当相似度小于 0 时，该点像素置 0，否则该点像素为相似度与 255 的乘积，将图中的每一个像素点处理完毕之后，返回肤色建模结果。

经过肤色建模后，进行圈定灰度级范围的二值化处理，得到二值化后的阈值，如图 6-2 所示。

通过对灰度图像进行处理确定二值化的阈值。图像的二值化就是将图像中的所有像素点根据预设定的规则变为 0 或者 255，使得图像呈现出黑白效果，将原有灰度图像的 256 个亮度等级通过二值化操作仍然可以反映出图像的整体特征，通过将图像进行二值化的操作有利于图像的下一步处理。因为图像仅有黑白两种像素的数值，相比于用 256 个亮度等级的图像来说，处理起来更方便，相比于灰度图像，数据的处理和压缩量变小。

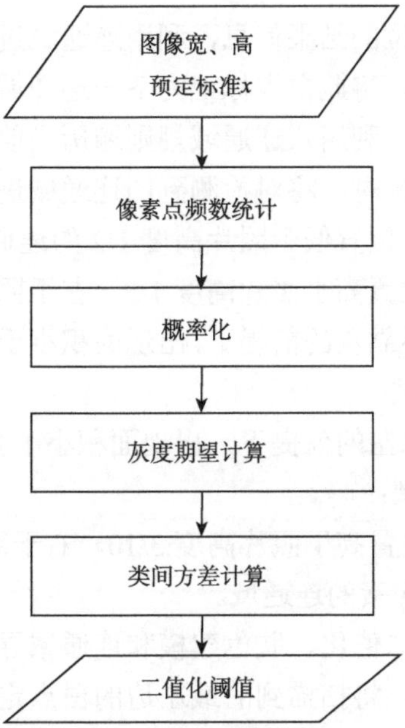

图 6-2　二值化阈值确定框图

首先通过统计大于预定数值的像素点，得到大于该像素点的像素个数，之后对所有的像素点进行概率化统计，计算出灰度的期望（式(6-4)）以及最大类间方差（式(6-5)），通过计算灰度的期望和方差来确定二值化的阈值。

$$E(x)=\sum_{i=1}^{n} X_i P\left(X_i\right) \tag{6-4}$$

$$g=w_0\left(u_0-u\right)\left(u_0-u\right)+w_1\left(u_1-u\right)\left(u_1-u\right) \tag{6-5}$$

肤色建模和初步二值化后的图像如图 6-3 所示，在对图像二值化后，利用寻找白色像素点的方式进行连通域的寻找，并记录潜在的人脸范围，如图 6-4 所示。

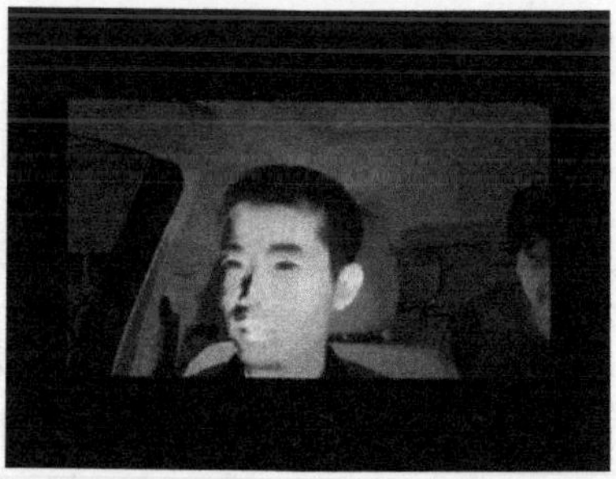

图 6-3　图像肤色建模及初步二值化

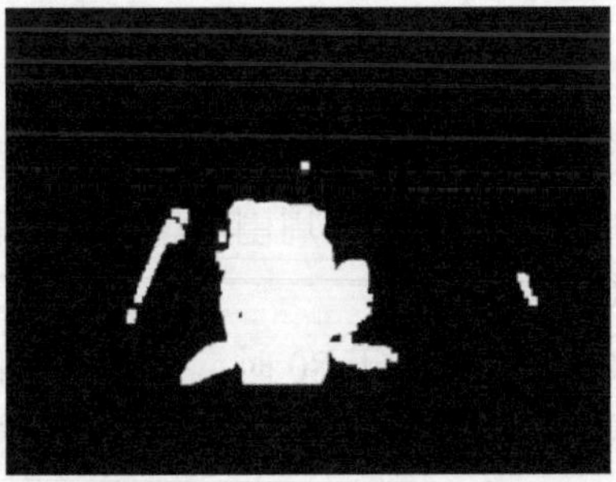

图 6-4　寻找潜在人脸区域

设置堆栈，存储粗定位的结果信息，利用连通域进行从上到下、从左到右的白点寻找，当找到白点后，将此白点标记为下一连通域的起始点，将此时白点的横、纵坐标信息进行存储，利用八连通域规则遍历当前连通域内所有的点。

当出现以下的几种情况时，将对检测到的连通域进行删除。

(1) 出现面积过小并且位置低于照片高度 1/2 的连通域；

(2) 出现高度过高且位置高于照片高度 1/3，左于照片宽度 1/2 的连通域；

(3) 在整个分析区域不靠左的前提下，出现面积小于且位置高于照片高度 1/2，左于照片宽度 2/5 的连通域；

(4) 在整个分析区域靠左的前提下，出现面积小于且位置高于照片高度 1/2，左于照片宽度 1/2 的连通域；

(5) 出现高度过高且位置高于照片高度 3/10，右于照片宽度 1/2，低于照片高度 3/4，左于照片宽度–5 像素的连通域。

对采集到的图片进行二值化、肤色建模和连通域寻找之后，可以对人脸进行粗定位，对图像进行扫描，将扫描到的最左边的白点定位为左边界，当确定人脸的左边界后，对人脸从中间位置开始扫描，直到不出现白点时为止，此时的位置定位为人脸的右边界，若图中无过多杂物，则左右边界保持不变，人脸粗定位图像如图 6-5 所示。

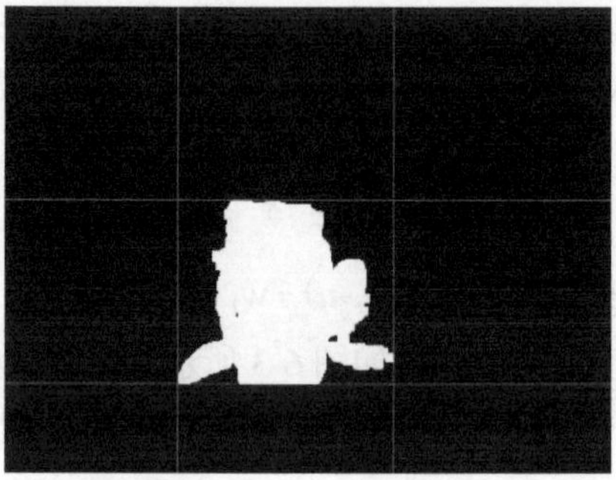

图 6-5 人脸粗定位

因为在二值化时，已经将肤色区域与非肤色区域进行分离，所以此时利用二值化后返回的阈值对周围环境的明亮程度进行判断。根据阈值的不同会有如下几种处理方式。

(1) 当阈值小于 80 时，判断进入偏暗的环境，重新进行圈定灰度级范围的二值化处理，但是此时也会进行人脸的检测，进行连通域的寻找，通过结构体中存储的连通域信息来判断是否检测出人脸：

①若 reserve2.number<5，则返回无人脸；

②若 reserve2.number<300，面积偏小，在原有图像的基础上进行拓展，放宽划归为人脸的范围，重新进行二值化。

(2) 当阈值为 0 时，判断区域内没有检测出人脸。

(3) 当阈值大于 80 时，扩大分析范围并进行二值化，将二值化的结果存储到数组 fpixel2 中。

在进行连通域寻找后，对人脸粗定位结果的边界坐标进行存储，计算出图像的宽度和高度，根据计算出的宽度和高度信息进行有无人脸的判别。

(1) 当 ht<23 时，表示高度过小，判断无人脸，返回 0；

(2) 当 wt>70 时，表示宽度过大，判断无人脸，返回 0；

(3) 当 wt<25 时，表示宽度过小，判断无人脸，返回 0；

(4) 当 40<wt<70 时，宽度适中，进一步进行判断，对经过处理的图像进行积分投影变换，得到平均投影结果，此时对积分投影结果进行判断。

①当 15<avrcounter<40 时，进行左右边界修正，修正方式有以下几种：

a. 如果出现白点，修正左坐标；

b. 从整个分析区域高度的 0.8～0.95 范围内按照自左到右的方式进行扫描，如果连续三列出现了白点，修正左坐标；

c. 如果 rd–rb<40，修正的宽度偏小，重新进行 rb=rb–(40–(rd–rb)) 的修正。

②当 wt<35 时，偏左进行修正 rb=rb–(35–wt)；

③当 wt≤40 时，修正 rb=rb–(45–wt)，此时对 ht 进行判断：

a. 如果 ht<42，则图像偏低，进行 ra=ra+(42–ht) 修正；

b. 如果 50<ht≤70，则图像偏高，进行 rc=rc+(ht–50) 修正；

c. 如果|rd–rb|>50 或者|rb–rd|<23，则返回 0，未检测到人脸。

在修正的范围内对耳朵进行投影，如果小于设定的比例数值，则认为耳朵存在，存储耳朵的边界坐标，此时将所有已经存储的坐标数值恢复到初始坐标系下，返回人脸缺失的补偿量，人脸定位图像如图 6-6 所示，此时人脸定位彩色图像如图 6-7 所示。

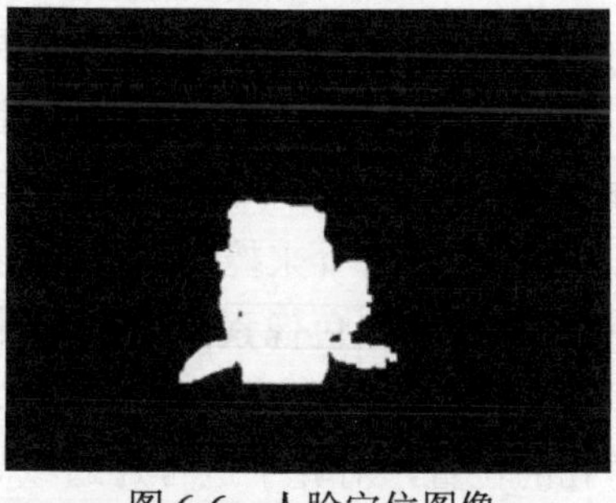

图 6-6　人脸定位图像

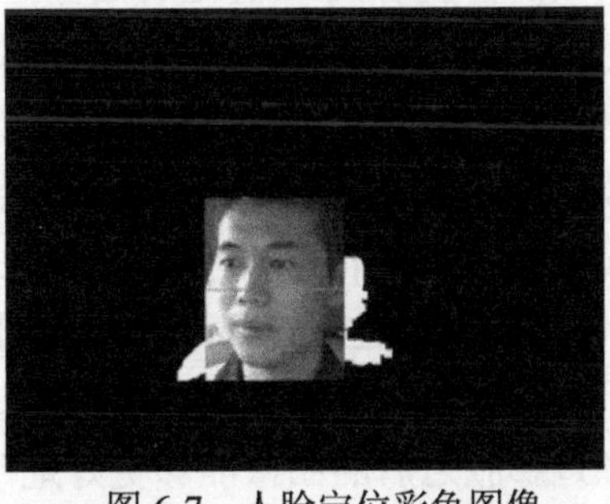

图 6-7　人脸定位彩色图像

6.2.3 利用鼻孔及嘴唇进行人眼辅助定位

得到人脸缺失的补偿量后，对人脸区域进行提取，读取该区域内的平均红色分量值，并计算分析区域的宽度与高度，对该区域进行直方图均衡化。

直方图均衡化通过增加图像灰度值的动态范围来增加对比度，使得图像具有较大的反差，使细节更加清晰，将多个频数不同的灰度级合并到同一个灰度级，以此换取对比度的扩大。

首先定义两个大小为256的数组，分别用于存储原始图像正规化灰度直方图数据以及保存变换后的图像正规化灰度直方图数据，然后对每一个灰度级别的像素进行数量的统计，对正规化的灰度概率进行统计。

经过直方图均衡化后，获得经过二值化的图像，对图像进行分割，检测唇部的位置，通过对唇部位置的定位对脸部进行修正，检测完唇部位置后，对图像进行3次膨胀操作，膨胀操作的图像如图6-8所示。

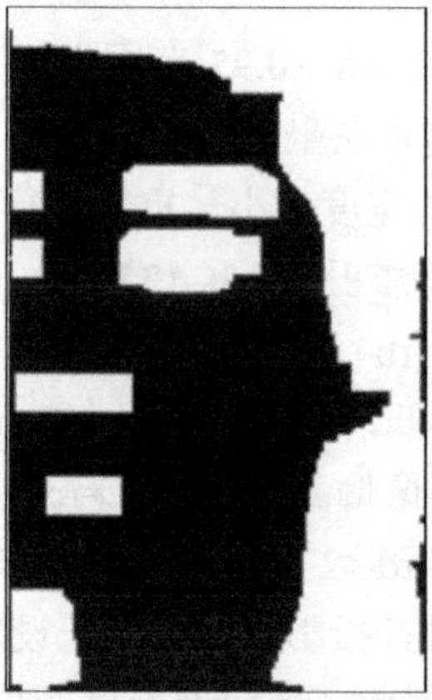

图6-8　膨胀操作的图像

利用膨胀操作对二值化的图像进行降噪处理，利用矩阵扫描图中每一个原色，用结构元素中的每一个像素与该矩阵所覆盖的像素做“与”操作，如果经过“与”操作后都为0，则该位置的像素为0，否则该位置的像素为1。通过膨胀操作可以将背景点合并到物体之中，增大目标图像，添补目标中的空洞。

设置数组temppixel存储灰度图像数组，设置变量x、y来控制图像扫描范围，以8邻域的方式进行扫描，当所检测的行或者列中有白色像素点时，变量x、y所表示的像素位置变为白色。

经过膨胀之后的图像能够更好地确定鼻孔的位置，对鼻子进行连通域寻找，将找到的白色像素点进行标号存储，当检测完毕后，确定鼻子上、下、左、右的边界，对面积进行求和，同时合并临近的连通域，更新经过合并后的边界坐标信息，此时如果检测到的连通域面积很小，则清空该面积，经过以上步骤后，对鼻孔进行判断，原则为边界坐标靠近图像的下部且在识别范围的横坐标中线以左。根据检测出的鼻孔位置确定脸部上边界和中间位置，除检测部位之外，其余部位涂黑，人眼粗定位结果如图 6-9 所示。

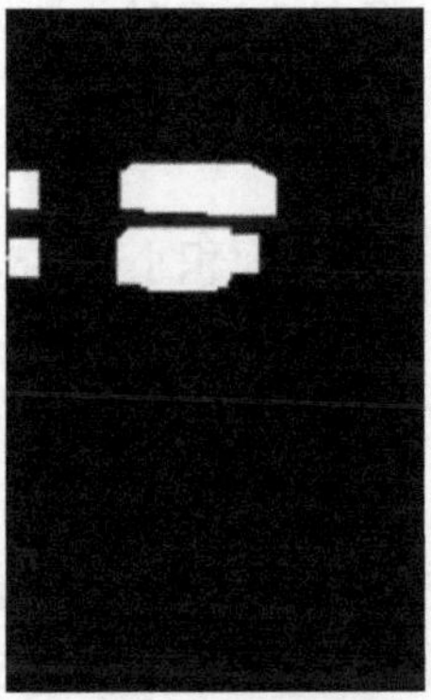

图 6-9　人眼粗定位

6.2.4　人眼定位

在经过人脸粗定位以及通过鼻孔和嘴唇进行人眼的辅助定位后，进行人眼的准确定位，对存储人脸信息的图像进行扫描，对像素点进行判断，若该像素点的绿色分量大于红色分量的同时大于蓝色分量，并且没有检测到佩戴眼镜，则该像素点为 255，对所有像素点进行遍历，并根据规则进行相同方式的处理，对图像遍历完毕后，为了将影响图像质量的噪声信号清除，能够更好地保留图像的细节特征，进行滤波操作，眼睛区域定位结果如图 6-10 所示。

图 6-10　眼睛区域定位

对人脸范围进行横向滤波，定义堆栈指针指向栈顶，对图像进行连通域寻找，遍历当前连通域中的所有点，将找到的白点进行存储并且对白点进行标号，当找到白点后更新连通域边界坐标信息，确定连通域的左边界、右边界、上边界、下边界。处理完一个点后，进行下一个点的寻找，直到所有坐标点均被遍历完成，此时对遍历得到的连通域做如下处理。

(1) 当连通域面积小于 25 像素，且位置低于 $0.5H$ 时，删除该连通域；

(2) 当连通域高于 $0.3H$，且偏左 $0.5W$ 时，删除该连通域；

(3) 当分析区域不靠左时，连通域面积小于 40，且位置高于 $0.5H$，偏左 $0.4W$，删除该连通域；

(4) 当分析区域靠左时，若连通域面积小于 15，且位置高于 $0.5H$，偏左 $0.5W$，删除该连通域；

(5) 当高度过高且高于 $0.3H$ 时，偏右 $0.5W$，低于 $0.75H$，偏左 $W–5$，删除该连通域。

除此之外，对于连通域进行存储。当进一步缩小识别的眼部范围后，对定位出的人眼范围进行连通域的寻找，并对眼部区域进行膨胀操作，准确定位，人眼定位结果如图 6-11 所示。

图 6-11 人眼定位

对驾驶员疲劳状态的检测，眼部准确定位是对驾驶员睁眼、闭眼状态做出判断的前提，眼睛位于脸的上半部分并且左右对称，结合灰度积分投影法对左眼进行准确定位，得到左眼中心点坐标，在面部特征图中得到左眼区域，定位右眼与定位左眼算法相同。

计算左眼中心点坐标，创建一个与原图尺寸相同并且所有像素值都为 0 的图像，对封闭人脸图做人脸区域最小外接矩形框，设定最小矩形框左上顶点的坐标为(s_top,s_left)，设矩形框高 L，宽为 W，则矩形框边界范围为(s_top,s_left)， (s_top,s_left+W/2)，(s_top–L/2,W)，(s_top–L/2,s_left+W/2)所围成的矩形区域，经过边界处理后的图像如图 6-12 所示。

图 6-12　眼睛边界定位

由此得到图像中左眼的定位，在图像(i,j)区域的垂直积分投影$H(x)$（式(6-8)）和水平积分投影$Y(x)$（式(6-9)）：

$$H(x)=\frac{1}{x_2-x_1}\sum_{x_1}^{x_2}F_S(x,y) \tag{6-6}$$

$$Y(x)=\frac{1}{y_2-y_1}\sum_{y_1}^{y_2}F_S(x,y) \tag{6-7}$$

对图像逐行进行投影，当投影值高于阈值时，记录当前行为的一个峰值，如果在以后每一次检测中检测到比当前行更高的峰值，则更新当前行为峰值行，当投影数值低于阈值比例时，则完成此峰值的记录，进入下一峰值的记录。为了排除由于眼镜框导致的小框左移情况，对图像进行纵向投影，如果投影出现峰值之后突然进入低谷，则认为出现眼镜框，此时大框的左边界右移，右边界固定不变；当检测完毕后，如果当前小框的高度太低，则更换一个峰值所在行，并根据更新后的小框高度，对坐标值进行修正。

在排除眼镜框的干扰后，对定位眼睛的小框坐标进行修正，获取小框的高度和宽度，当确定小框范围之后，对小框范围内的图像进行二值化、膨胀操作，叠加反光数组，增加刻度线，以便分离出眼镜框和眼窝，对除眼睛以外的区域置 0（黑色）处理，对眼睛进行肤色建模（图 6-13），准确定位出眼部位置（图 6-14）。然后寻找眼白，填补空洞，统计眼部的面积，并对眼睛在–5～+5 范围内的高度进行统计，提取人眼区域，如图 6-15 所示。对统计的高度按照从小到大的顺序进行排序，取第二与第三高度进行加权平均，获取当前帧的眼部宽度，如图 6-16 所示，进行睁眼与闭眼的状态判断。右眼的定位与左眼的处理方法相同。

图 6-13　眼部区域肤色建模

图 6-14　眼睛准确定位

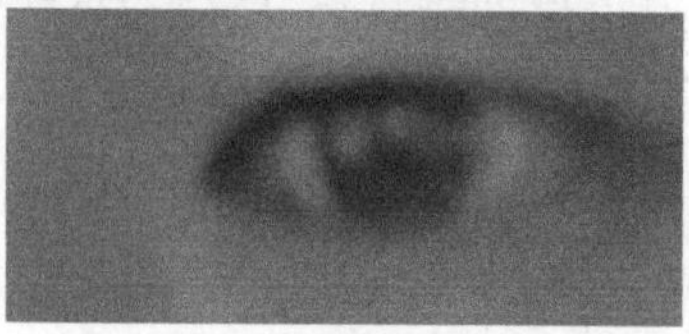

图 6-15　提取眼睛区域

图 6-16　眼部宽度图像

6.3 照片检测

6.3.1 人脸数据库

为了验证算法的准确性，选取英国剑桥大学人脸检测数据库和美国耶鲁大学人脸检测数据库进行检测，共计 55 人次，565 张人脸的照片。

英国剑桥大学人脸数据库对 40 名剑桥大学学生在不同面部表情和不同姿态的情况下进行照片采集，这些照片的表情、姿态在 20%尺度之内有微小变化，共计 400 例人脸样本。美国耶鲁大学人脸数据库包含 15 名耶鲁大学的学生，每名学生获得 11 张照片，这些照片在光照条件、表情方面有明显变化，共计 165 例人脸样本。

6.3.2 实验结果分析

分别对英国剑桥大学人脸检测数据库、美国耶鲁大学人脸检测数据库进行测试得出结果如表 6-1 所示。

表 6-1 人脸数据库检测正确率

人脸数据库	总数/张	正确数/张	错误数/张	正确率/%
英国剑桥大学	400	397	3	99.25
美国耶鲁大学	165	150	15	90.90

通过两个人脸检测数据库的示例照片可以发现，剑桥大学人脸检测数据库更亮，拍摄效果更好，对两个数据库进行测试后，经过数据分析可以得出结论，检测的正确率与照片的亮度有关，并且照片越清晰，正确率越高。

对实际驾驶环境采集到的照片进行采集并测试得出的结果如表 6-2 所示。

表 6-2 实际驾驶环境采集照片检测正确率

	总数/张	正确数/张	错误数/张	正确率/%
实际驾驶环境采集照片	60	58	2	96.67

通过对实际驾驶环境下采集到的照片进行测试，识别率较高，能够满足实际驾驶环境下检测的需求。

光照对检测结果的影响如表 6-3 和图 6-17 所示。

表 6-3 光照因素对检测率的影响

光照	总采集数/张	正确数/张	错误数/张	正确率/%
光线明亮	60	54	6	90.00
光线阴暗	60	42	18	70.00

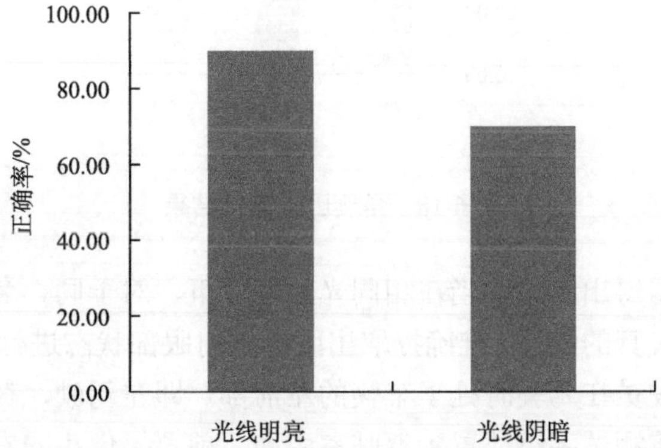

图 6-17 光照因素测试结果

如表 6-3、图 6-17 所示，可以明显地检测到眼睛的变化情况，通过准确率的公式(式(6-8))可以计算出，在比较明亮的环境下检测结果的准确性达到 90%，基本上可以很好地进行检测。

$$y=\frac{a}{b}\times 100\% \tag{6-8}$$

式中，a 为正确照片的张数，b 为照片的总张数。

当在比较阴暗的环境下，由于不能够很好地采集到人脸图像，在对照片进行处理时会将关键部位按照背景处理，造成信息缺失，所以检测效果比较差，误检率比较高，通过准确率计算公式(6-8)可以得出，此时准确率仅为 70%。

测量角度对检测结果的影响如表 6-4 和图 6-18 所示。

表 6-4 测量角度对检测率的影响

角度/(°)	总采集数/张	正确数/张	错误数/张	正确率/%
30	60	46	14	76.67
45	60	53	7	88.33
60	60	44	16	73.33

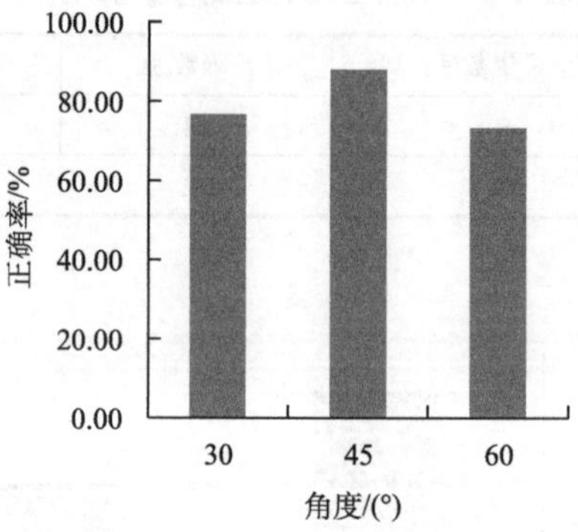

图 6-18 角度因素测试结果

通过测试数据得出结论，当在相同光照条件下，对于同一名测试者，可以将人脸图像进行不失真的采集，准确提取出眼部并对眼部状态进行判断，正确率高。

在中国，驾驶员在驾驶时处于车辆的左前部，即左驾驶，在不影响驾驶员驾驶视线前提下，将测试手机放置到驾驶室中间，前置摄像头向右对准驾驶员进行检测，可以得到最好的结果。

手机前置摄像头距离对于实验结果的影响如表 6-5 和图 6-19 所示。

表 6-5　手机前置摄像头距离测试者的远近对检测率的影响

距离/cm	总采集数/张	正确数/张	错误数/张	正确率/%
30	60	45	15	75.00
40	60	51	9	85.00
50	60	46	14	76.67

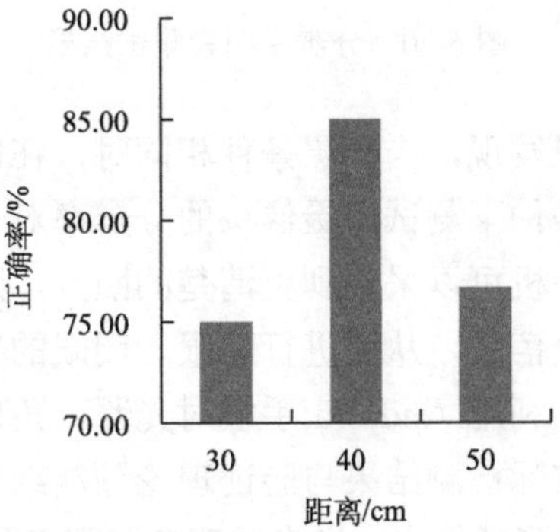

图 6-19　距离因素测试结果

通过测试数据得出结论，当在相同的地点，光照充足的条件下，对于同一名测试者，在相同的角度情况下，手机距离测试者 40 cm 时，可以得到最好的结果，检测的成功率最高，如果手机距离测试者过近，将不能够很好地采集到图像，图像会过大、超出屏幕的范围，以至于不能够完整地采集到图像；如果手机距离测试者过远，采集到的图像会过小，不能够检测出面部的细节信息，因此不能够对眼睛进行提取分析，无法准确分析出眼睛的睁闭状态。

前置摄像头像素对于实验结果的影响如表 6-6 和图 6-20 所示。

表 6-6　手机前置摄像头像素对于实验结果的影响

分辨率/像素	总采集数/张	正确数/张	错误数/张	正确率/%
500 万	60	52	8	86.67
800 万	60	45	15	75

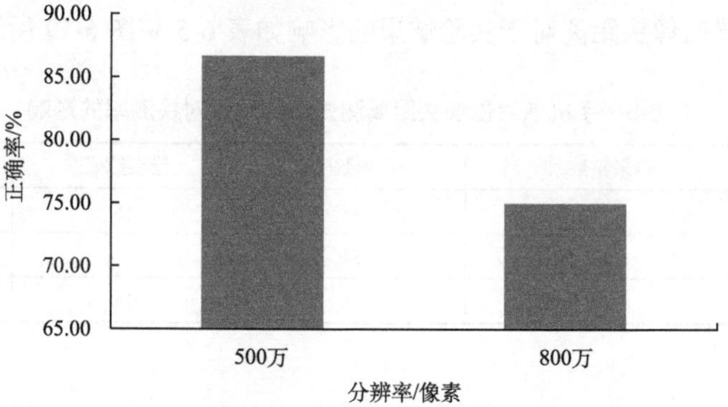

图 6-20 分辨率因素测试结果

通过实际的测试可以发现，当光照条件相同时，在同一个地点，对于同一名测试者，在角度相同的条件下测试，摄像头的分辨率对于实验结果有着很大的影响，摄像头分辨率高的手机可以采集到更清楚的照片，照片细节信息更清楚，能够更准确地提取眼睛部分信息，从而进行睁眼、闭眼的判断。

在进行系统移植后，利用 Android 手机对光照、角度、距离及分辨率四种影响因素测试可以发现，实际检测结果与验证理论预测结果一致，即可以检测出闭眼状态或睁眼状态。通过测试得出，当光线明亮、距离测试者 40cm、手机处于测试者东北方向 45°、利用摄像头分辨率高的手机进行测试时，可以得到较好的检测效果，能够准确进行眼部状态判断。当检测驾驶员为闭眼时，会发出警报的声音，同时检测标志由检测状态变为红色警报状态，提醒驾驶员已经处于疲劳状态。当连续 5s 检测到疲劳状态时，会进行疲劳驾驶警报，提醒驾驶员要休息以免发生安全事故。如果驾驶员未处在疲劳状态则保持检测状态，检测状态标志为连续闪烁，每次取图像操作都可以实时显示在检测界面上，从而可以更加直观地看到驾驶员此时的驾驶状态，提醒驾驶员注意休息。

在对算法进行移植后，利用 clock 函数对算法的执行时间进行统计，时间精确到毫秒(ms)，通过时间统计显示，算法平均执行时间为 73ms。

```
#define CLOCKS_PER_SEC ((clock_t)1000)
clock_t start=clock()/CLOCKS_PER_SEC;
FUNCTION();
clock_t finish=clock()/CLOCKS_PER_SEC;
dt=(finish-start)/CLOCKS_PER_SEC
```

6.3.3 问题与改进

当采集面部图像时，周围环境的亮度、背景的复杂程度都会对结果产生一定的影响，尤其是光照对结果产生很大的影响，当处于相对明亮的环境中检测的效果比处于阴暗的环境中的更好，更精确，因为处于明亮的环境中采集到的图像更加清晰，也就能够更好地取出眼睛的部位。在阴暗的环境中判断睁眼与闭眼状态相对较困难。

通过算法的改进，当处于相对较暗的环境时，可以对图像进行一定的增亮处理，将采集的图像变得更清晰，此时再进行处理能够在一定程度上提高检测的准确性。

6.4 本 章 小 结

利用人脸检测算法对人脸进行定位，识别出眼睛部位后进行判断，对系统实现方法做了介绍，着重介绍算法的实现，分别介绍图像的预处理、图像的灰度化、人脸区域的确定、人眼的定位，并给出实现的结果图。通过标准的检测照片进行算法验证，并利用人脸识别数据库对照片进行检测。考虑到实际检测时光照、角度、手机与测试者的距离以及手机摄像头分辨率对于检测结果的影响，利用控制变量的方式分别对影响因素进行测试并对检测识别的结果进行分析。实验证明，算法可以有效地检测出人眼的状态。

参 考 文 献

[1] 世界卫生组织暴力和伤害预防及残疾司. 道路安全全球现状报告 2015[R]. 苏黎世, 2015.

[2] 贺岩松, 李兴泉, 徐中明, 等. 汽车驾驶员模糊控制模型研究[J]. 计算机仿真, 2007, 4: 255-258.

[3] 李兴泉, 贺岩松, 徐中明, 等. 汽车方向控制驾驶员模型[J]. 重庆大学学报, 2006, 4: 5-8.

[4] 张磊, 李升波, 王建强, 等. 基于神经网络方法的集成式驾驶员跟驰模型[J]. 清华大学学报(自然科学版), 2008, 48(11): 1985-1988.

[5] 潘玲. 基于驾驶室员认知过程的车辆跟驰模型的建立[D]. 长春: 吉林大学, 2006.

[6] Helbing D, Hennecke A, Shvetsov V, et al. Micro and macro-simulation of freeway traffic[J]. Mathematical and Computer Modelling, 2002, 35: 517-547.

[7] 任殿波, 张京明, 崔胜民. 车辆换道纵横向耦合控制[J]. 交通运输工程学报, 2009, 6: 112-116.

[8] 姜德美. 基于 BP 神经网络的驾驶员疲劳状态研究[D]. 重庆: 西南大学, 2008.

[9] 吴超仲, 张晖, 毛喆, 等. 基于驾驶操作行为的驾驶员疲劳状态识别模型研究[J]. 中国安全科学学报, 2007, 4: 162-165.

[10] 金键. 驾驶疲劳机理及馈选模式研究[D]. 重庆: 西南大学, 2002.

[11] 白志强, 程秀生, 李俊韬. 用于汽车驾驶员考核的模糊综合评价方法[J]. 吉林大学学报(工学版), 2003, 33(1): 46-49.

[12] 胡斌, 王生进, 丁晓青. 基于云模型的驾驶员驾驶状态评估方法[J]. 清华大学学报(自然科学版), 2009, 10: 1614-1618.

[13] 马艳丽, 裴玉龙. 基于实验心理学的驾驶员驾驶特性及其综合评价[J]. 哈尔滨工业大学学报, 2008, 40(12): 2003-2006.

[14] Girshick R, Donahue J, Darrell T, et al. Rich feature hierarchies for accurate object detection and semantic segmentation[C]. IEEE Conference on Computer Vision and Pattern Recognition, 2013: 580-587.

[15] He K M, Zhang X Y, Ren S Q, et al. Deep residual learning for image recognition[C]. IEEE Conference on Computer Vision and Pattern Recognition, 2016: 770-778.

[16] Ren S Q, He K M, Girshick R, et al. Faster R-CNN: towards real-time object detection with region proposal networks[J]. IEEE Transactions on Pattern Analysis & Machine Intelligence, 2017, 39(6): 1137-1149.

[17] Redmon J, Divvala S, Girshick R, et al. You only look once: unified, real-time object detection[C]. IEEE Conference on Computer Vision and Pattern Recognition, 2016: 779-788.

[18] Liu W, Anguelov D, Erhan D, et al. SSD: single shot multibox detector[C]. European Conference on Computer Vision, 2016: 21-37.

[19] Yoo D, Park S, Lee J Y, et al. AttentionNet: aggregating weak directions for accurate object

detection[C]. IEEE International Conference on Computer Vision (ICCV), 2015: 2659-2667.
[20] 吴新根, 罗立民. 一种改进的光流场计算方法[J]. 电子学报, 2000, 28(1): 130-131.
[21] 潘薇, 游志胜, 王宁. 基于模糊聚类和卡尔曼滤波的运动目标检测[J]. 计算机应用, 2005, 2(1): 123-124.
[22] Dalal N N, Triggs B. Histograms of oriented gradients for human detection[C]. IEEE Conference on Computer Vision and Pattern Recognition, 2005, 1: 886-893.
[23] Qiao H, Wang M, Yun S, et al. Bayes visual tracking method based on manifold learning: CN 103345762 A[P]. 2013.
[24] Boksuk S, Caudillo D, Klette R. Evaluation of two stereo matchers on long real-world video sequences[J]. Pattern Recognition, 2015, 48(4): 1113-1124.
[25] Cordts M, Rehfeld T, Schneider L, et al. The stixel world: a medium-level representation of traffic scenes[J]. Image & Vision Computing, 2017.
[26] Hinton G, Salakhutdinov R. Reducing the dimensionality of data with neural networks[J]. Science, 2006, 313: 504-507.
[27] Mirowski P W, Lecun Y, Madhavan D, et al. Comparing svm and convolutional networks for epileptic seizure prediction from intracranial EEG[C]. IEEE Workshop on Machine Learning for Signal Processing, 2008: 244-249.
[28] Vincent P, Larochelle H, Lajoie I, et al. Stacked denoising autoencoders: learning useful representations in a deep network with a local denoising criterion[J]. Mach. Learn. Res. , 2010, 11: 3371-3408.
[29] Balasubramanian K, Kai Y, Lebanon G. Smooth sparse coding via marginal regression for learning sparse representations[C]. International Conference on Machine Learning, 2013: 289-297.
[30] Arel I, Rose D, Karnowski T. A deep learning architecture comprising homogeneous cortical circuits for scalable spatiotemporal pattern inference[C]. NIPS 2009 Workshop on Deep Learning for Speech Recognition and Related Applications, 2009.
[31] 陈再良. 图像感兴趣区域提取方法研究[D]. 重庆: 中南大学, 2012.
[32] Achanta R, Hemami S, Estrada F, et al. Frequency-tuned salient region detection[C]. IEEE Conference on Computer Vision and Pattern Recognition, 2009: 1597-1604.
[33] Hornung A, Pritch Y, Krahenbuhl P, et al. Saliency filters: contrast based filtering for salient region detection[C]//2012 IEEE Conference on Computer Vision and Pattern Recognition. IEEE Computer Society, 2012.
[34] Otsu N. A threshold selection method from gray-level histograms[J]. Automatica, 1975, 11(285-296): 23-27.
[35] Colorni A, Dorigo M, Maniezzo V. Distributed optimization by ant colonies[C]. Ecal91-European Conference on Artificial Life, 1992.
[36] 陈果, 左洪福. 图像的自适应模糊阈值分割法[J]. 自动化学报, 2003, 29(5): 791-796.
[37] Curio C, Edelbrunner J, Kalinke T, et al. Walking pedestrian recognition[J]. IEEE Transactions on Intelligent Transportation Systems, 2000, 1(3): 155-163.
[38] Cutler R, Davis L S. Robust real-time periodic motion detection, analysis and applications[J].

IEEE Transactions on Pattern Analysis and Machine Intelligence, 2000, 22(8): 781-796.

[39] WÄohler C, Kressler U, Anlauf J K. Pedestrian recognitionby classification of image sequences: global approaches vs. local spatio-temporal processing[C]. Proceedings of 15th International Conference on Pattern Recognition, Barcelona, 2000: 540-544.

[40] Ran Y, Zheng Q F, Weiss I, et al. Pedestrian classification from moving platforms using cyclic motion pattern[C]. Proceedings of International Conference on Image Processing, Genoa, 2005: 854-857.

[41] 杜峰, 施文康, 邓勇, 等. 一种快速红外图像分割方法[J]. 红外与毫米波学报, 2005, 24(5): 370-373.

[42] 张永梅, 巴德凯, 邢阔. 基于模糊阈值的自适应图像分割方法[J]. 计算机测量与控制, 2016, 24(4): 126-128.

[43] 史晓鹏, 何为, 韩力群. 采用 Hough 变换的道路边界检测算法[J]. 智能系统学报, 2012, 1(7): 81-85.

[44] 于兵, 张为公, 龚宗洋. 基于机器视觉的车道偏离报警系统[J]. 东南大学学报(自然科学版), 2009, 5(39): 928-932.

[45] Chandler R E, Herman R, Montroll E W. Traffic dynamics: studies in car following[J]. Operations Research, 1958, 6: 165-184.

[46] Michaels R M. Perceptual factors in car following[C]. Proceedings of the Second International Symposium on the Theory of Road and Traffic Flow, OECD, 1963: 44-59.

[47] Kikuchi S, Chakroborty P. Car following model based on a fuzzy inference system[J]. Transportation Research Record, 1992, 1365: 82-91.

[48] Kometani E, Sasaki T. Dynamic behavior of traffic with a nonlinear spacing-speed relationship[C]. Proceedings of the Symposium on Theory of Traffic Flow, Research Laboratories, General Motors, 1959: 105-119.

[49] Gipps P. A behavioral car following model for computer simulation[J].Transportation Research B, 1981, 15: 105-111.

[50] Helly W. Simulation of bottle necks in single lane traffic flow[Z]. Proceedings of Symposium on Theory of Traffic Flow, Research Laboratories, General motors, 1959: 207-238.

[51] Geiger A, Lenz P, Urtasun R. Are we ready for autonomous driving? The KITTI vision benchmark suite[J]. Computer Vision and Pattern Recognition, 2012, 157(10): 3354-3361.

[52] Zhou W, Sheikh H R, Bovik A C. No-reference perceptual quality assessment of jpeg compressed[C]. IEEE ICIP, 2002: I-477-I-480.

[53] Rastegari M, Ordonez V, Redmon J, et al. XNOR-Net: ImageNet classification using binary convolutional neural networks[C]. European Conference on Computer Vision. 2016: 525-542.

[54] Courbariaux M, Bengio Y. Binary Connect: training deep neural networks with weights and activations constrained to +1 or–1[J]. Computing Research Repository, 2016.

[55] Bahdanau D, Cho K, Bengio Y, et al. Neural machine translation by jointly learning to align and translate[J]. Computer Science, 2014.

[56] Ioffe S, Szegedy C. Batch normalization: accelerating deep network training by reducing internal covariate shift[J]. Computer Science, 2015: 448-456.

[57] Nishida N, Nakayama H. Multimodal gesture recognition using multi-stream recurrent neural network[C]. Pacific-Rim Symposium on Image and Video Technology, 2015: 682-694.

[58] Mnih V, Kavukcuoglu K, Silverl D, et al. Human-level control through deep reinforcement learning[J]. Nature, 2015, 518 (7540): 529.

[59] Mnih V, Kavukcuoglu K, Silver D, et al. Playing atari with deep reinforcement learning[J]. arXiv preprint arXiv: 1312. 5602, 2013.

[60] Schmidhuber J. Deep learning in neural networks: an overview[J]. Neural Networks, 2015, 61: 85-117.

[61] Itti L, Koch C, Niebur E. A model of saliency-based visual attention for rapid scene analysis[J]. IEEE Transactions on Pattern Analysis & Machine Intelligence, 1998, 20 (11): 1254-1259.

[62] Achanta R, Hemami S, Estrada F, et al. Frequency-tuned salient region detection[C]. IEEE Conference on Computer Vision and Pattern Recognition, 2009: 1597-1604.

[63] Hou X D, Zhang L Q. Saliency detection: a spectral residual approach[C]. IEEE Conference on Computer Vision and Pattern Recognition, 2007: 1-8.

[64] Cheng M M, Zhang G X, Mitra N J, et al. Global contrast based salient region detection[J]. IEEE Transactions on Pattern Analysis & Machine Intelligence, 2015, 37 (3): 569-582.

[65] Perazzi F, Krahenbuhl P, Pritch Y, et al. Saliency filters: contrast based filtering for salient region detection[C]. IEEE Conference on Computer Vision and Pattern Recognition, 2012: 733-740.

[66] Sermane P, Eigen D, Xiang Z, et al. OverFeat: integrated recognition, localization and detection using convolutional networks[J]. arXiv preprint arXiv:1312. 6229, 2013.

[67] He K M, Zhang X Y, Ren S Q, et al. Spatial pyramid pooling in deep convolutional networks for visual recognition[C]. European Conference on Computer Vision, 2014: 346-361.

[68] Taigman Y, Ming Y, Ranzato M, et al. DeepFace: closing the gap to human-level performance in face verification[C]. IEEE Conference on Computer Vision and Pattern Recognition, 2014: 1701-1708.

[69] Chenyi C, Seff A, Kornhauser A, et al. DeepDriving: learning affordance for direct perception in autonomous driving[C]. IEEE International Conference on Computer Vision, 2015: 2722-2730.

[70] Geiger A, Lenz P, Stiller C, et al. Vision meets robotics: the KITTI dataset[J]. International Journal of Robotics Research, 2013, 32 (11): 1231-1237.

[71] Felzenszwalb P F, Huttenlocher D P. Efficient graph-based image segmentation[J]. International Journal of Computer Vision, 2004, 59 (2): 167-181.

[72] Redmon J, Farhadi A. YOLO9000: better, faster, stronger[C]. IEEE Conference on Computer Version and Pattem Recognition, 2017: 7263-7271.

[73] Hä C, Sattler T, Pollefeys M. Obstacle detection for self-driving cars using only monocular cameras and wheel odometry[C]. IEEE/RSJ International Conference on Intelligent Robots and Systems, 2015: 5101-5108.

[74] Kendall A, Grimes M, Cipolla R. PoseNet: a convolutional network for real-time 6-DOF camera relocalization[J]. Education for Information, 2016, 31: 2938-2946.

[75] Broggi A, Cerri P, Debattisti S, et al. PROUD—Public road urban driverless-car test[J]. IEEE

Transactions on Intelligent Transportation Systems, 2015, 16(6): 3508-3519.
[76] Grimmett H, Buerki M, Paz L, et al. Integrating metric and semantic maps for vision-only automated parking[C]. IEEE International Conference on Robotics and Automation, 2015: 2159-2166.
[77] Wang D Z, Posner I. Voting for voting in online point cloud object detection[C]. Robotics: Science and Systems, 2015.
[78] Dosovitskiy A, Fischer P, Ilg E, et al. FlowNet: learning optical flow with convolutional networks[J]. IEEE International Conference on Computer Vision, 2015: 2758-2766.
[79] Wulff J, Black M J. Efficient sparse-to-dense optical flow estimation using a learned basis and layers[C]. IEEE Conference on Computer Vision and Pattern Recognition, 2015: 120-130.
[80] Xiang Y, Alahi A, Savarese S. Learning to track: online multi-object tracking by decision making[C]. IEEE International Conference on Computer Vision, 2015: 4705-4713.
[81] Vijay B, Kendall A, Cipolla R. Segnet: a deep convolutional encoder-decoder architecture for image segmentation[C]. IEEE transactions on pattern analysis and machine intelligence,2017: 2481-2495.
[82] Yu F, Xiao J X, Funkhouser T. Semantic alignment of LiDAR data at city scale[C]. IEEE Conference on Computer Vision and Pattern Recognition, 2015: 1722-1731.
[83] Ji Z, Singh S. Visual-lidar odometry and mapping: low-drift, robust, and fast[C]. IEEE International Conference on Robotics and Automation, 2015: 2174-2181.
[84] Chen Z, Guney F, Wang Y Z, et al. Exploiting object similarity in 3D reconstruction[C]. IEEE International Conference on Computer Vision, 2015: 2201-2209.
[85] Cai Z W, Fan Q F, Feris R S, et al. A unified multi-scale deep convolutional neural network for fast object detection[C]. European Conference on Computer Vision, 2016: 354-370.
[86] Krizhevsky A, Sutskever I, Hinton G E. ImageNet classification with deep convolutional neural networks[C]. International Conference on Neural Information Processing Systems. Curran Associates Inc, 2012: 1097-1105.
[87] Ciresan D, Meier U, Masci J, et al. 2012 Special Issue: multi-column deep neural network for traffic sign classification[J]. Neural Networks the Official Journal of the International Neural Network Society, 2012, 32(1): 333-338.
[88] Richter S R, Vineet V, Roth S, et al. Playing for data: ground truth from computer games[C]. European Conference on Computer Vision, 2016: 102-118.
[89] Ros G, Sellart L, Materzynska J, et al. The SYNTHIA dataset: a large collection of synthetic images for semantic segmentation of urban scenes[C]. IEEE Conference on Computer Vision and Pattern Recognition, 2016: 3234-3243.
[90] Li B, Zhang T L, Xia T. Vehicle detection from 3D lidar using fully convolutional network[C]. Robotics: Science and Systems, 2016: 1-8.
[91] Ronneberger O, Fischer P, Brox T. U-Net: convolutional networks for biomedical image segmentation[C]. International Conference on Medical Image Computing and Computer-Assisted Intervention. Springer, Cham, 2015: 234-241.
[92] Simonyan K, Zisserman A. Very deep convolutional networks for large-scale image

recognition[J]. Computer Science, 2014.
[93] Chen K, Wang J, Chen L C, et al. ABC-CNN: an attention based convolutional neural network for visual qucstion answering[J]. arXiv preprint arXiv: 1511. 05960, 2015.
[94] Schneider L, Cordts M, Rehfeld T, et al. Semantic stixels: depth is not enough[C]. Intelligent Vehicles Symposium. IEEE, 2016: 110-117.
[95] Mattyus G, Wang S L, Fidler S, et al. HD Maps: fine-grained road segmentation by parsing ground and aerial images[C]. IEEE Conference on Computer Vision and Pattern Recognition, 2016: 3611-3619.
[96] Dai J F, He K M, Sun J. Instance-aware semantic segmentation via multi-task network cascades[C]. IEEE Conference on Computer Vision and Pattern Recognition, 2016: 3150-3158.
[97] Uijlings J R R, Van de Sande K E A, Gevers T, et al. Selective search for object recognition[J]. International Journal of Computer Vision, 2013, 104(2): 154-171.
[98] Vijay B, Alex K, Roberto C. SegNet: a deep convolutional encoder-decoder architecture for scene segmentation[J]. IEEE Transactions on Pattern Analysis & Machine Intelligence, 2017, 99: 1.
[99] Peter P, Sebastian R, Stefan G, et al. Lost and found: detecting small road hazards for self-driving vehicles[C]. IEEE/RST International Conference on Intelligent Robots and Systems, 2016: 1099-1106.
[100] 宋燕星，袁峰，丁振良. 目标感兴趣区域检测算法[J]. 吉林大学学报，2010, 40(5): 1421-1425.
[101] Walk S, Majer N, Schindler K, et al. New features and insights for pedestrian detection[C]. IEEE Conference on Computer Vision and Pattern Recognition, 2010: 1030-1037.
[102] Zheng K, Zhou J, Sun G M, et al. The fuzzy synthetic evaluation model for vehicle driver based on net feedback mechanism[J]. Turkish Journal of Engineering Environmental Sciences, 2017: 167-177.
[103] Baluch F, Itti L. Mechanisms of top-down attention[J]. Trends in Neurosciences, 2011, 34(4): 210-224.
[104] 曹莹，苗启广，刘家辰，等. AdaBoost 算法研究进展与展望[J]. 自动化学报，2013, 39(6): 745-758.
[105] 潘燕. 基于车载摄像头的前方运动车辆检测与跟踪方法研究[D]. 合肥：合肥工业大学，2012.
[106] 李云翀，何克忠，贾培发. 基于阴影特征和 Adaboost 的前向车辆检测系统[J]. 清华大学学报(自然科学版), 2007, 47(10): 1713-1716.
[107] 许腾，黄铁军，田永鸿. 车载视觉系统中的行人检测技术综述[J]. 中国图象图形学报，2013, 18(4): 359-367.
[108] 自德贵，辛晨，张婷，等. 显著性纹理结构特征及车载环境下的行人检测[J]. 软件学报，2014, 25(3): 675-689.
[109] 马强，王文伟. 融合显著性因子的行人纹理提取[J]. 计算机应用，2015, 35(11): 3293-3296.
[110] 李开明，张群，罗迎，等. 地面车辆目标识别研究综述[J]. 电子学报，2014, 42(3):

538-546.
[111] Xue M, Ling H B. Robust visual tracking and vehicle classification via sparse representation[J]. IEEE Transactions on Pattern Analysis & Machine Intelligence, 2011, 33(11): 2259-2272.
[112] 查宇飞. 视频目标跟踪方法[M]. 北京: 国防工业出版社, 2015.
[113] 孙国栋, 赵大兴. 机器视觉检测理论与算法[M]. 北京: 科学出版社, 2015.
[114] 秦丽娟, 王挺, 刘庆涛. 计算机单目视觉定位[M]. 北京: 国防工业出版社, 2016.
[115] Kwon J, Timofte R, Van Gool L. Leveraging observation uncertainty for robust visual tracking[J]. Computer Vision and Image Understanding, 2017, 5: 62-71.
[116] Sakurada K, Tetsuka D, Okatani T. Temporal city modeling using street level imagery[J]. Computer Vision and Image Understanding, 2017, 157: 55-71.
[117] Krizhevsky A, Sutskever I, Hinton G E. ImageNet classification with deep convolutional neural networks[J]. Communications of the Acm, 2012, 60(2): 2012.
[118] Zheng K, Zhou J, Yang C Y, et al. Exploration and practice on class field in information engineering[J]. International Journal of Emerging Technologies in Learning, 2016, 11(6): 40-45.
[119] Li Z B, Sun G M, Zhang F, et al. Smartphone based fatigue detection system using progressive locating method[J]. IET Intelligent Transport Systems, 2016, 10(3): 148-156.
[120] 高新波, 路文. 视觉信息质量评价方法[M]. 西安: 西安电子科技大学出版社, 2011.
[121] 单列. 视觉注意机制的若干关键技术及应用研究[D]. 合肥: 中国科学技术大学, 2008.
[122] 刘宏哲, 袁家政, 郑永荣. 计算机视觉算法与智能车应用[M]. 北京: 电子工业出版社, 2016.
[123] Lenz P, Urtasun R. Are we ready for autonomous driving the KITTI vision benchmark suite[C]. IEEE Conference on Computer Vision and Pattern Recognition, 2012: 3354-3361.
[124] Goferman S, Zelnik-Manor L, Tal A. Context-aware saliency detection[J]. IEEE Computer Society, 2012, 34(10): 1915-1926.
[125] Gregory R L. 视觉心理学[M]. 北京: 北京师范大学出版社, 1986.